ゴースト

GHOST

――いつでも微笑みを――

亮・智沙

明窓出版

ここに載せた写真は一見するとただの街の写真ですが、この中には姿を現さないだけで、目には見えないたくさんの霊たちが存在しています。

私たちはその中の一人と偶然出会い、色んな体験をしました。他の人には体験できないようなことを味わってきました。生きていること、死んでしまうことの意味、気持ち、価値観など全てが変わってしまったように思えました。

この話はすべて私たちが体験した本当の話です。それが読者の皆様に少しでも伝わりますように……。

2003年

智沙《ちさ》

思えば実にいろんなことがあった。ある意味で充実した日々だった。突然の出会い、興味本位でのつきあい、淡い恋心、思い出の調査に人捜し、命の危機……。

僕らは不思議な体験をした。それは生きるということに対する価値観さえ変わってしまう、不思議な体験だった。そしてここに書いてあることは、にわかには信じられないだろうけれど、全て本当のことだ。

二〇〇三年　　亮《りょう》

第一章

例えば渋谷のスクランブル交差点で、街の図書館で、駅のホームで、近所の公園で、自分の部屋で、友人の背後で……。いろんな場所であたしは霊を見てきた。こんなことを言うと「私も！」という人と「嘘でしょ？」という人、両極端《りょうきょくたん》に分かれるだろうけれど。

最初に霊を見たのは、もうかなり前のこと。それは小学校六年生の修学旅行の最終日。夜中、友達がトイレに行くと言い出し、私達は数人で一緒に行った。個室に入ると突然電気が消え、ドアが開かなくなり、目の前に白い服の女が現れた。それはこの世のものとは思えないほどの恐ろしい目つきであたしを睨《にら》んでいた。

殺される！　呪われる！　そう思った次の瞬間《しゅんかん》トイレの電気がつき、ドアが開いた。私達は逃げるようにそこから出た。それでも律儀《りちぎ》にそこの電気を消して扉を閉めようとすると、そこは六階なのにその女が窓の外に立っていた。私達はみんな背筋が凍ったようになり、走って部屋まで戻ったのを今でもはっきり覚えている。

そんな心霊現象を体験してから、今日までにもう何十人、何百人、あるいは何千人という、さまざまな霊を見てきた。

＊＊＊＊＊＊＊＊＊

僕と彼女の智沙は週に一度か二度、寝る前に映画を見るのを楽しみにしていた。シャワーを浴びてからコンビニへ行って、ツナマヨのおにぎりと紙パックの紅茶、そしていつものポテトチップスを買ってくる。部屋の明かりを消してから並んでベッドに座り、画面に集中する。この夜観たのは『仄暗い水の底から』だった。僕はこの映画を一度見たことがあったのであまり怖くなかったのだが、智沙は何かあるたびに大げさに怖がっていた。

思えば、これが全ての始まりだった。

映画を見終わった後、智沙が言った。

「亮ちゃん、怖い女の人が横に立ってるよ！」

僕は俗に言う霊感という感覚を欠片《かけら》も持ってはいない。だが智沙はよく霊を見ているようで、部屋にいてもどこにいても、ときどき霊を見かけては怖がっている。以前も変な侍みたいな霊にいきなり斬り付けられそうになったと言っていた。有り得ない。見えるだけならまだしも、霊に触れられる感覚さえ覚えるという。

そういえば部屋にあるアロマキャンドルの炎がときどき激しく揺れることがある。そんなときは決まって智沙は霊を見る。そしてこの夜も炎が激しく揺らめいていた。

映画が終わってからもしばらく僕達はベッドに座ったままだった。僕が眠くなってきた頃、不意に智沙の頭がガクンと下がり何かを呟《つぶや》き始めた。その上うつむいたままで手探りをしている。目を閉じたまま何かを探しているようだ。その手が僕の近くにきた。

智沙の手はそっと僕の首に触れた。そのままなぞるように顎、口、鼻へと触れていく。僕は何もせずにその状況を見つめていた。智沙は目を閉じたままだった。冗談《じょうだん》ならやめてよと明るく振舞《ふるま》ってその手を止めようとしても、一向に止《と》まらなかった。

次第に手に力が入っていった。頬から口へ、口から顎《あご》へ、顎から首へ。そしてようやく止まった。と思ったら次は呟《つぶや》きがうめき声に変わった。ううう、ううううう。何を言っているのかはわからない。まるで寝言……いや、夢を見てうなされているかのようだ。

真っ暗な部屋で自分の彼女に首を絞められている。僕は自分の置かれている状況を理解しようと努力した。

とりあえず冗談を言ってみた。笑顔を作ってみた。彼女の顔を撫《な》でてみた。しかし、彼女は止まらない。頬をつねる。髪を撫でる。逆に首を絞めてみる。手を力づくで振り解《ほど》く。

いい加減にしろ!

部屋の明かりをつけた瞬間、智沙はベッドに倒れ込んだ。気を失っているようだった。軽く揺すってみても、起きない。頬をペシペシと叩いてみる。起きた。

智沙はさっき起こったことを何も覚えてはいなかった。後で聞いた話では、映画を見ているときに見えた霊は、青いワンピースを着た若い女性で、とても綺麗な人だったらしい。

その夜から、その女性は僕の部屋によく現れるようになった。智沙が寝ようとしているとその人は智沙の膝《ひざ》の上に座ったりして怖《こわ》がらせ、智沙が眠った後はまた「ううう」と唸っては僕を困らせた。智沙の寝言も増えた。それは嫌だとか、ごめんなさいとか、やめてという言葉だった。隣で寝ている僕もそれが気になってあまり眠れない日が続いた。

さらに数日すると、彼女は眠るたびに取り憑《つ》かれたようになって、うつむいたまま何かを呟いては僕の首を絞めてくるようになった。僕はその力がだんだん強くなってきていることに気付いた。首を絞める手が、以前は片手だったはずが両手になり、首もただ絞めているのではなくて喉仏《のどぼとけ》を潰《つぶ》すほどの力になった。うっかり死にかけてしまった。しかし目が覚めた後、智沙は決まって何も覚えてはいなかった。何があったのかと問いかけることさえ意味がなかった。

しかしただ一つ。彼女は夢を見たと言った。木造二階建ての知らないアパートが見える。おそらくはなんとか荘というような名の古いアパートだ。外には各部屋の郵便受けが備《そな》え付けてある。五個並んだのが二段あり、いつも下の段の真ん中の郵便受けは開けっ放しになっていた。彼女は包丁を持ち階段をゆっくりと上がって、ある部屋へ入っていく。そしてそこにいる若い男を殺そうとした。

智沙は何度もその夢を見た。包丁がないときは手で首を絞めて……なんとしてでも、彼を殺そうとするのだった。

二月一〇日

それは午前一時か二時の出来事だった。僕は智沙が毎夜うなされることが心配でたまらなくて、その日ついに告げることにした。

「次にその女の人が来たら抵抗しなくていいよ。乗り移られても大丈夫だから、俺を信じて、頼ってくれ。何とかするから」

そして僕らは眠りについた。しばらくすると智沙は例によって何かを呟き始めた。いつものように手だけで僕を探す。顔を撫でる。首を撫でる。そして絞める。僕はその手を力づくで振り解き、その両手をしっかりと押さえつけた。とりあえず深呼吸をして自分を落ち着かせる。大丈夫、何とかなる。大丈夫だ。そして僕はゆっくりと話しかけた。

「あなたは誰？　どこから来たの？　何をしたいの？　何歳《いくつ》？　なぜここにいるの？　どうして首を絞めるの？」

穏《おだ》やかな口調で何度もそう聞くと腕の力は弱まっていった。

彼女は目を閉じたまま顔を上げ、苦しそうに呟いた。はっきり聞こえない。

「……七四年……ゆき……二八歳……サーフィンの……大会……海で……苦しい……」

意外にも彼女はちゃんと答えてくれた。僕はその調子でいくつかの質問を繰り返した。普通に会話ができることを確認してから一日質問をやめ、僕は机からルーズリーフとシャーペンを持ってきた。雑誌を下敷きに、布団で横になりながらメモをとった。

彼女の名前は米倉雪。かつて伊豆の下田で開催されたサーフィンの大会で事故に遭《あ》い亡くなったのだという。彼女の目的はただ一つ、当時結婚も考えていた恋人に逢いたい、それだけだった。

僕はメモをとりながら手がかりを探そうとして、具体的な状況を聞いてみた。意外にも彼女は自分の死についても冷静に説明してくれた。僕は彼女を悪霊《あくりょう》ではないと判断した。ただ不運な事故で亡くなった、純粋な人だと思った。できることなら彼女に何かしてあげたい。彼氏を探してあげたい。

「雪さん。一九七四年の事故で死んだの？　苦しかったよね？　辛かったよね……」

「うん、うん……苦しい……あいたい……」

「その彼氏の名前は？」

「……けん……稲垣健……」

「雪さん。今は二〇〇三年なんだよ。それでも会いたい？　もう年をとってるかもしれないけど、それでも会いたいって思う？」

「……あいたい……健に……逢いたい……」

　僕には霊である雪さんの姿は見えない。今までの人生でも霊など見たことはない。お化けは怖いけれど、見えないんじゃ始まらない。怖がるだけ損というものだ。しかし智沙には霊感があり、これまでも色々な霊を見てきたという話は聞いていた。もしかすると、ここで僕らが雪さんに出逢ったのも何か意味があってのことなのかもしれない。霊感のない僕にも雪さんに何かしてあげられるかもしれない。幸いにも伊豆ならバイクを使って半日あれば行ける距離だ。

　雪さんの話が終わった頃、僕はとりあえず部屋の明かりをつけて智沙の頬をペシペシと叩いた。智沙はゆっくりと目を開いた。僕はメモを見せながら今の話を全て伝えた。サーフィンや海の話なら智沙の方がきっと詳《くわ》しいだろう。僕にできるのはバイクで現地に行くことくらいだ。女として、人として、霊感を持つ者として、何かわかるだろうか？

「うーん。一九七四年に二八歳？　だとしたら……その恋人、健さんだっけ？　その人が生きてたらもう六十歳近くになってるんじゃない？　それにまだその伊豆にいるかどうかもわからないし……、どうする？　亮ちゃん」

僕はこの状況を半分くらい楽しんでいた。

「もう一度智沙の体に入ってもらって詳しいことを聞き出すよ」

「えー！」

智沙は露骨《ろこつ》に嫌そうな顔をした。

「まあ聞いてよ。実際にそれ以外に話する方法ないじゃん。頼むよ」

「でも……」

「大丈夫だよ。ちゃんと話せばわかってくれる。悪い人じゃなさそうだったよ」

「うん……」

僕は微笑み、じゃあ頑張ってねと軽くキスをした。智沙は目を閉じて脱力した。そのまま十秒ほどで、健……健……と呟き始める。今回は落ち着いて話しかけてみた。彼女はやはり目を閉じたままだった。それでも僕の質問にはちゃんと答えてくれた。

それによるとサーフィン大会はトーナメント制で、二人でポイントを競《きそ》って勝敗を決めるものらしい。雪さんが狙いをつけた波に相手選手も乗ろうとしていた。位置的にも本来なら譲《ゆず》るべきその波に、相手選手は半ば強引に乗ろうとして二人は接触してしまう。雪さんはバランスを崩し、相手選手のボードに頭をぶつけてしまった。頭が切れた。血が出た。凄く凄く痛かった。それでもなんとかサーフィンを続けようとしたが、次第に意識が遠くなっていった。

雪さんはボードをぶつけられたと言っていたが、それが事故であることはちゃんと理解しているようだった。最後の記憶は、自分の名前を呼ぶ健さんの声。しかしそれもまた夢か現実かはわからないと言う。

健さんは一緒に暮らしていた雪さんの恋人で、サーフィンショップで働いていた。雪さんは仕事の帰り道はいつもそのショップに顔を出した。中学生か高校生の女の子が店に来ていて、雪さんを見るとキッと睨《にら》み付けて出て行く。それもいつものことだった。きっと健さんのことが好きだったのだろう。皮肉にも、大会での事故の相手選手はその子だった。

二人のアパートの近くには岬《みさき》の展望台や水路観測所《すいろかんそくじょ》があった。二人とも同い年で、雪さんのお腹には二ヶ月になる子供がいた。体のことを考えて、サーフィンができるのはこれが最後だろうと決めての出場だった。サーフィンは健さんから教わった。

そんな感じで手がかりを探すためのいくつかの質問を繰り返してメモ用のＡ４ルーズリーフが一ページ埋まった頃、最後に一つ尋《たず》ねてみる。

「もしもこの先、健さんに会えたら、何て言いたい？」

雪さんは半分も開いていないその目に涙をためながら、呟いた。

「愛してる……って」

二月一一日

あの後、智沙を起こし、これからどうしようかと話し合った。とりあえず役に立ちそうな情報は手に入った。まずはそれを元にネットでできる限り情報を探してみようということで意見が一致した。静岡の新聞やテレビ局、下田市役所などのサイトに協力を要請《ようせい》するメールを送る。サーフィンの大会のこと、健さんや雪さんのこと、あるいはその当時を知る人のこと、家族、友達、手がかりになることならどんな情報でもよかった。

そして僕らは午前五時頃に眠った。起きたのは昼過ぎだった。僕は今日は特に用事もなかったので智沙の用事に付き合って浦安に行くことにした。

電車を待って駅のホームに立っていると、雪さんもついてきているよと智沙が言った。ほらそこに立ってるよ、そう言われてもやはり僕には何も見えなかった。

電車の中でうたた寝をしていると、急に智沙の首がガクンと下がった。

「健……健……?」

周囲をきょろきょろと見回し、智沙は目を半分くらい開けて健さんの名を小声で呼び始めた。雪さんが現れたのだろうか。智沙には新宿で乗り換えるときに起こす約束をしていたので、電車を乗り換えるまでは雪さんと一緒に歩いた。ほぼ満員だった電車の中、つり革につかまる僕と僕にしがみつく雪さん。雪さんはまだ足取りもおぼつかなくて、フラフラとしか歩けない。手を放せばすぐに倒れそうだ。僕の左腕にしっかりとつかまる姿を、正直可愛いと思った。まるで愛らしい子供。あるいはつき合い始めて間もない年下の彼女。

新宿で智沙に代わってもらう。その後は智沙の意識のままだった。

部屋に帰ってきてからしばらくすると、智沙はまた雪さんに代わった。雪さんは僕を健さんだと思い込んでいるようで、何度も健、健と呟きながら僕にキスを迫《せま》った。

　雪さんのキスは舌を激しく吸い込む感じで痛いくらいだ。僕は妙にドキドキしてしまった。そのまま抱き合っていると自分が抑《おさ》えられなくなりそうで、僕は健じゃないと何度も雪さんを突き放した。雪さんは虚《うつ》ろな目のまま、どうしたの？　と微笑んで僕の口を唇で塞《ふさ》いだ。

　……結局、その場の勢いで雪さんを抱いてしまった。僕はそれが智沙にバレることを恐れ、脱力している雪さんに服を着せて、腕枕をしながら優しく髪を撫でた。冷静を装《よそお》うことさえ後ろめたく、しかしどうすればいいのかわからず、自分のしていることを激しく後悔した。その場の勢いに流されてのセックス。考えすぎるとそれがいいことか悪いことかの判断さえつかなくなりそうだった。悪いことなのだ。そう、それは浮気になり、破局に繋《つな》がる。部屋の物が壊《こわ》れ、幸せが壊れ、人が壊れるだろう。僕はとりあえず自分を保ち、後で誠心誠意《せいしんせいい》謝《あやま》るつもりでこの場を上手く凌《しの》ごうと決意し、今さらながら雪さんに呟く。

「僕は健じゃない。雪さんも本当はここにいる人じゃないんだよ。今から十数えるから、そしたら少し眠って。いい？」

「……健、どうしたの……？」

「十、九、八……」

「また会えるよね？　健……」

「ああ、きっと会えるよ……五、四……」

「健……」

「……二……」

「愛してるって言って」

「……一……」

「健」

「愛してる」

雪さんにそっとキスをして、耳元でゼロと囁《ささや》く。その瞬間、智沙の体からガクンと力が抜け、気を失ったようになった。

それからしばらくして、智沙は普通に眠りから覚めるように目を覚ました。僕は何もなかったかのようにオハヨウと言ったが、内心はビビりまくっていた。顔に出さないように、感づかれないように……。

「亮ちゃん？　どうしたの？　何があったの？」

「別に何もないよ」

「あたし……なんかすごく疲れてるんだけど」

「気のせいじゃん？　乗り移られてるんだから、消耗《しょうもう》が激しいんだよ」

「そうかな」

「そうだよ」

　その夜、僕らが眠っているとまた雪さんが現れた。寝ていたはずの智沙が急に「健、健……」と呟き始めたのだ。僕はこのとき考えた。このまま健さんを演じていれば、智沙にはわからないようだから雪さんともうまくやれるかもしれない。ダメだ。何を考えてるんだ。ちゃんと言わなきゃ。危ない橋を二つ並べて交互に渡ろうというのか？　それは危険すぎる。先も見えないというのに。

　僕がいらないことを考えていると、雪さんはまっすぐな瞳で僕を見つめた。

「健？　あの香水、つけてないの？」

「香水？」

「うん。海みたいな青いやつ。健、好きだったでしょ？　前に部屋の中で割っちゃって大慌《あわ》てだったやつ。せっかく買ってきてあげたのに……」

　海みたいな青い香水といえば、ベタなところでウルトラマリンだろう。僕も以前それをつけていたこともあったが、あまり好きではなくなったのでつけるのをやめたのだった。しかし香水自体はまだ残っていたはず。出すべきか、失くしたと言い張るべきか。僕は少

し考えて、

「……あるよ？　持ってこようか」

「うん！」

ついそう言ってしまった。雪さんはまだ虚ろな目のままだった。僕を健さんだと思い込み、実際のところ健さんに見えているのだろう。

ウルトラマリンの瓶《びん》を手渡すと、雪さんはこれこれ！　と喜び、自分の手首に向け軽く一噴《ひとふ》きした。さらにそれを嬉しそうに僕に向ける。

「健もつけようよ」

「いや、いいよ。夜だし。出かけるときなら付けるけど、今はいいよ」

「……健？　どうしたの？　何か違うよ」

「何が？」

「何か変だよ」

「別に変じゃないよ」

「……雪のこと嫌いになったの？」

「そうじゃない。でもね」

雪さんはいきなりキスで僕の唇を塞いだ。

……そして僕はまたその場の勢いに流されて、それが最低で後ろめたいことだと知りながら、智沙のことを考えながらも、コンドームを着けるんだと必死に抵抗しても、一度だけだからそのままでと懇願されて。これが言い訳にすらならないことも知りながら。自分のしていることはいけないことだと自覚しながら。

雪さんを抱いてしまうこと。それが僕と智沙にとってどれくらいの意味を持つのか、そのとき僕はまだわかっていなかった。しかし正直なところ、その表情や言葉遣《づか》いからはどうみても二八歳の女性には見えなかった。まるで十代の少女のような、無垢《むく》で純真な面が見え隠《かく》れする。逆に濃厚なキスから窺《うかが》えるその経験が、僕を少し混乱させた。

テンカウントをして雪さんを眠らせた後、智沙に今あったことを打ち明けた。智沙は雪さんの気持ちがわかると言った。僕もわかっているつもりだった。恋人を失って自分が見えなくなったのだ。目の前に恋人がいると思い込んでしまえば、抱かれたいと思う気持ちや一緒にいたいと思う気持ちはわかる。それは同情なのか思いやりなのか……また、正しいのか間違っているのかは今は措《お》いておくことにしよう。

雪さんにとっては目の前のこと、つまり僕が健さんに見えてしまっていることが現実なのだろうが、実際は違うのだ。僕は健さんではないし、雪さんも智沙の体を使っているにすぎない。それでも智沙は言った。

「あたしの体でいいなら貸すよ？　あたしは構わないから」

雪さんにしてあげられることがあれば何かしたい。僕らの意見はそこで一致した。

＊＊＊＊＊＊＊

あたしにとって幽霊とは、ただ怖いだけのものではない。もちろん怖い霊もいるけれど、いろんな霊を見ることは面白い。面白いという言い方は失礼かもしれない。普通に生活をしている霊もいれば、あたしが部屋に帰ったらおかえりと出迎えてくれる霊もいる。いつからか、あたしにはそれが当たり前のことになっていた。今の彼氏、亮《りょう》と付き合い始めて一緒の生活を始めても、亮には霊が全く見えない様子。しかし亮はあたしが夜中に何度もうなされているのを見ていたらしい。

あの夜、亮と、ビデオ『仄暗《ほのぐら》い水の底から』を観ていたとき、気がつくといつのまにか部屋の隅のほうに一人の女が立っていた。髪はショートで身長は一五五センチくらい。若くて綺麗《きれい》で、小柄な女だった。しかしそのときは映画のせいか、あたしには彼女がとてつもなく恐ろしいものに見えて仕方がなかった。危害を加えられたら……。何かされたら……。そう思うと怖くて怖くてたまらなかった。

震えが止まらず、全身に鳥肌が立った。ビデオが終わるとすぐに布団に入った。ふと見ると、先程見えた女があたしの真横に無表情で立っていた。しかも、じっとこちらを窺《うかが》っている。何か言いたげに、何か話したそうに。しかしその女は、どこか寂しそうで、悲しそうで、孤独を背負って苦しんでいるかのように見えた。

それから彼女は夢にまで出てくるようになっていった。

はっきりと覚えている夢があった。それは全く無音の世界だった。暗い海で溺《おぼ》れかけている彼女が泣きながら必死に叫んでいる。助けてと言っているのか、自分はここにいるのだと訴《うった》えているのか……。でも風の音も波の音も彼女の声も、全く聞こえなかった。

その後、亮の協力もあり、彼女の名前や住んでいたところなど大まかなことはわかった。それはあたしの体に彼女を乗り移らせて話を聞くという方法だった。それを繰り返すうちに、いつしか彼女とあたしは簡単に意識を入れ代えることができるようになっていった。

その日もまた彼女はあたしの体を使い、亮に昔の話を始めた。亮を恋人である健さんだと思い込みながら……。

二人の思い出を語ったり、ふざけあったり、KISSしたり……。心の中で必死で叫んでいるあたしの声は、亮には全く聞こえないようだった。

「もうやめて！　お願いだから！　そんな亮ちゃん、見たくない！」

彼女を抱いている亮を心の中で見ながら、とにかくあたしは必死でこらえた。見たくなかった。暗闇《くらやみ》の中から出たくて仕方がなかった。だけどあたしにはどうすることもできなかった。

彼女は亮を健さんと思い込んでいる。だから抱いて欲しいと迫るのだろう。彼女があたしの体から抜けてあたしの意識が戻ると亮は「ごめん」と小さく呟いた。元に戻ると腕には香水がつけられていた。彼女が昔よくつけていた香水らしい。

悲しいけれど彼女の気持ちが手に取るようにわかった。好きな人に抱かれる嬉しさや喜び。それは女なら、というか人間なら当たり前に欲しいもの。そう考えると、しまいにあたしは自分の体を貸してもいいとまで思い始めた。それで彼女が納得《なっとく》するのなら、それでもいいとさえ思った。あたしは今までも「もしもあたしだったら……」とか「他の人が幸せになるのなら……」と、そう思って生きてきた。そして彼女に対しても同じように思った。だからあたしは亮に言った。

「あたしの体でいいなら貸すよ？　あたしは構わないから」

……もちろんどこかで不安や納得のいかない部分は沢山あった。複雑《ふくざつ》なものもあった。でも解決するまでの辛抱。きっと我慢《がまん》できるだろう、そう思えた。純粋そうで、屈託《くったく》のない顔で笑う……、そんな彼女がどこか羨ましく、あたしは正直嫉妬《しっと》してしまった。今のあたしとは全く正反対。きっと亮好《ごの》み。そう思うとやりきれない気持ちでいっぱいになる。彼女に亮の気持ちが移ってしまったら……。考えたくもないのにそんな光景を想像してしまった。

あたしは、自分に自信がない。多分、というか絶対にないのだ。彼女は亮に自分の彼、健さんを重ねている。心を、体を、彼女の全てを委《ゆだ》ねている。そして亮も彼女に体を許す。もしかして、心も？

あたしには彼女の気持ちがわかる。でも、それでも、そこは超えて欲しくなかった。それだけはどうしてもやめて欲しかった。彼女は一度だけだからとわがままを言った。亮はその言葉を受け止め、そのままでエッチしてしまったらしいのだ。

あたしは何度も「やめて！」と心の中から呼びかけた。何とかしてあたしを思い出して！忘れないで！　心の中でそう思い続けた。叫び続けた。

彼女のことを許せない気持ちと、彼女に協力してあげたいという気持ちの間であたしは悩み続けた。

それでもあたしが出した答えは、素直なあたしの気持ちは……。

……健さんを、探してあげたい……

＊＊＊＊＊＊＊＊

二月一二日

昨日の夜はあの後、オールでカラオケへ行ってきた。僕も智沙もカラオケは大好きなので、ときどきこうしてオールで遊びに行くことにしている。最初は僕がミスチルの歌を歌った。それから交代に一曲ずつ、ときには一緒に、喉が痛くなるまで歌い続けた。普段なら退室時間ギリギリの午前五時か六時までは楽しむはずなのに、このときは三時くらいになると二人とも何故かひどく疲れて眠くなり、途中で帰ることにした。

僕がトイレから戻ってくると、智沙は雪さんに代わっていた。雪さんは歌本をパラパラと見ながら、知らないのばっかりーと楽しそうに呟く。それは当然だ。雪さんは十年前の人なんだから。しかしそれを言っていいのかはわからなかった。現実を突きつけることが怖くなり、僕は固まってしまっていた。

「あー、尾崎。尾崎は知ってるよ」

「へえー」

「小田和正のね、この曲は持ってたよ。レコードだけどねー」

　レコードという単語に、僕は一体何を言ってよいのかわからなくなった。雪さんはやはり昔の人なのだろうか。どんな歌を選べばよいのかわからず、僕はただ黙り込んでいた。

　しかし、尾崎豊を知っているということは僕が予想しているほど昔の人ではないようだ。僕が聞いた〝一九七四年〟というのは、雪さんが生まれた年のことなのかもしれない。

「健？　歌わないのー？」

「うん。いいよ。疲れたから帰ろう？」

「はーい」

　またテンカウントをする。雪さんは大人しく智沙と入れ代わってくれた。

　それから数分。駅まで歩いた辺《あた》りで、智沙は体の不調を訴《うった》えた。ひどく疲れて眠いという。ちなみに智沙は雪さんが体を使っているときの記憶はまったく残っていないらしい。

　僕は部屋に着いたら起こすよと約束して智沙を抱きしめた。智沙は僕にもたれ、立ったまま眠りについた。そして智沙の体から力が抜けるとすぐに雪さんが目を覚ました。僕の部屋までは一駅分なので、始発電車を待たずに歩いて帰ることにする。帰り道は、それとなく雪さんの過去と記憶を探《さぐ》ってみた。このときは雪さんの目は開いていて、足取りもしっかりしていた。

僕は妙な恐怖を感じた。智沙が疲れている分だけ雪さんが元気になっているのだとしたら、いつか智沙の意識は雪さんのそれに置き換《か》えられ、入れ代わるどころか完全に乗っ取られてしまうんじゃないのか？

部屋に着いて着替えた後、雪さんは僕の手首にもウルトラマリンをつけた。健さんのふりをして雪さんの相手をしていては智沙の体がもたないと思った僕は、早めに雪さんを帰そうと考えた。

髪を撫でたり頬にキスをしたりして雪さんをなだめてから例によってテンカウントを始める。

「やだ！　やだよ！」

僕がカウントダウンをしていても耳を塞いで拒《こば》もうとする。

「また会えなくなるのやだよ！」

「また会えるから」

「やだ！」

「雪さん！　聞いて！」

「……健？　どうして『さん』付けなの？　呼び方忘れちゃったの？」

　ゼロを告げても雪さんは戻っていかなかった。僕はもうこれ以上健さんのふりを続けることはできないと思った。いつかボロがでて雪さんが僕を健さんではないと気付いたときに雪さんが逆上するかもしれない。そうなったときのことを思うと怖くてたまらなかった。しかしできるかぎり冷静な顔をして、優しい口調で話しかける。

「よく見て。健じゃないよ」

　そう言って彼女の手を僕の頬に当ててみる。

「……健だよ。何言ってるの？　雪のこと嫌いになったの？」

「いい？　雪さん。よく聞いて。あなたは今、僕の彼女の体を使ってるんだよ。この場所がわかる？　東京だよ。伊豆じゃない。雪さんと健さんの部屋じゃない。僕と智沙が一緒に暮らしてる部屋なんだ。ねえ、わかる？」

「……健？　健じゃない……？」

「そう。違う。健じゃないよ」

　雪さんはようやく現実を理解したらしく、僕の部屋をきょろきょろと見回した。そしてやっと僕が健さんではないことに気付いたようだった。

「ごめんね、雪さん。智沙と代わってくれる？」

　そう言って僕は雪さんの頬にそっとキスをした。しかし今度は雪さんが僕に激しいキスを返してきた。僕は不覚にもまた誘惑に負けて、雪さんを抱いてしまった。襲《おそ》われたと言うべきだろうか。事が済んだ後、布団の中で少し話をした。

「……じゃあ私はあなたを何て呼べばいいの？」

「健でもいいよ。でも、僕の名前は覚えといて。亮。亮だよ」

「わかった。ありがとう、亮。あと、この子は？」

「この人は、ていうか、いま雪さんが使ってるこの体の人は、智沙。智沙だよ。僕の彼女。さっきも言ったけど一緒に暮らしてるんだ」

「うんわかった。亮。ありがとう。智沙にもよろしくね」

軽くキスをすると雪さんの体から力が抜けた。僕は名前を呼びながら体を揺すり智沙を起こした後、ごめんねと言って謝《あやま》る。が、当然か智沙はすねたようにそっぽを向いて寝てしまった。智沙が一番だよとか、愛してるよとか、出来心なんだとか、どんな言葉で謝ってもただの薄っぺらい言い訳にしかならないように思えた。

昼過ぎに起きて買い物に行く。智沙はここ数日肩が凝《こ》っていて、体が重く、だるく、眠いという状態が続いている。歩くのが辛いので雪さんに代わってもらって歩くことにする。

雪さんと智沙の入れ代えは簡単なもので、智沙が目を閉じて脱力すればその瞬間に雪さんが現れる、という具合だ。雪さんはいつもどおり、見るからに元気だった。

雪さんは思い出を語ってくれた。幼くして母親を亡くし、中学のときに父親が自殺。以後、親戚の家に世話になっていて、転校を繰り返した学生時代。高校を卒業した後は子供服を作る仕事をしていた。そして好きだった人に振られて、呆然《ぼうぜん》と海を眺めていた時、海の家でバイトをしていた健さんに出逢った。

健さんは雪さんにカキ氷をプレゼントし、嫌なことがあってもこれを食べて頭がキーンとなれば忘れるよ、と笑った。それが初めての会話で、今もずっと覚えていると言う。それから二人は次第に仲良くなり、同じように両親がいない健さんとやがて一つの部屋で暮らすようになった。

結婚の約束をしたこと、お腹には子供がいたこと、健さんがサーフィンでプロになると誓《ちか》ったこと、幸せな未来を夢見ていたこと。雪さんはその全てを嬉しそうに話してくれた。自分が事故で亡くなったことはちゃんと理解していた。しかし、だからこそ何を、あるいは誰を恨んでいいのかわからずに現世《げんせ》への未練《みれん》が残っているのだという。

「贅沢《ぜいたく》は言わないから、一度でいいから健に逢いたい……」

雪さんは僕の顔を見ずにそう言った。僕もそのときは雪さんの顔を見ることができなかった。ほんとは智沙の顔だから悲しそうな表情も見慣れているはずなのに。

また、智沙のことも説明してくれた。胸の奥の暗い場所で小さくなって泣いている智沙が見える。そして心の中でその場所へ行ったら、智沙の過去や気持ちが手に取るようにわかるらしい。

話を聞いていて驚いたのは、自分が死んだことをちゃんと受け止めていることだった。雪さんは霊になってからもいろんな場所へ行き、健さんを探していた。でも生きている普通の人には自分の姿が見えない。それでずっと寂しくて不安だった。孤独だった。しかし智沙には雪さんが見えた。だから雪さんは智沙の周りに現れるようになった。最初に智沙の近くに来たのは二年ほど前だという。少し前から智沙が変な夢を見るようになっていたのは、雪さんの気持ちが感応していたからなのだろう。

二人は二階建てのアパートに一緒に住んでいたと言う。外には各部屋の郵便受けが並んでいて、一階の真ん中の部屋の郵便受けの窓はいつも開けっ放しになっていた。安っぽくカンカンと足音が響く階段。そこから見る周りの景色。全てがいつもどおりだった。

しかし、健さんは雪さんに気付かない。いつもの部屋で一人でテレビを見ている。目の前に雪さんが立っても気づかないままだった。

包丁で健さんを殺したいような気持ちになったこともあった。でもそれは決して恨みではなくて、好きすぎてどうしようもなくて、ずっと一緒にいたいからそうするのだ。しかしその全ては雪さんのイメージだけであり、実際に健さんを殺そうとしたことなどなかった。それどころか自分が死んでからは一度も健さんに会いに行ってもいなかった。行きたいけれど、怖い。もしその部屋にもう自分との思い出が欠片《かけら》も残っていなかったとしたら。自分のことを忘れていたとしたら。他の女の人と一緒にいたとしたら……、私はどうなってしまうの？

会いたいけれど、現実を受け止めるのは怖い。それならずっとこのままでも仕方ないかもしれない。雪さんはそう思うようになっていった。

部屋に着いてからすぐに智沙に代わってもらい、少しうたた寝をした。しばらくすると僕はわき腹をつつかれた。目を開けるといつもとは少し違う笑顔の智沙がいる。

「……雪さん？　ちょっと寝かしてよ」

「やーだ！　構ってよ、亮」

雪さんは妙に元気だった。でも僕にはそれが無理をして笑っているように思えた。

「なんで出てきたんだよ」

「亮に会いたいから来たんだよ。悪い？　智沙はいま寝てるよ」

僕に会いたいから来たんだよ。その言葉に一瞬ドキッとしてしまった。しかしどんどん元気になっていく雪さんを、これ以上調子に乗らせるわけにはいかない。

「ダメだっつうの！　雪さんには健さんがいるじゃん。自分の存在理由は健さんを想うことのはずなのに、それを自分で否定しちゃダメだよ」

雪さんはいつもの純粋な瞳で、

「そうじゃないよ。ホントだもん。健も好きだけど、亮も好き。というか、好きになってきちゃった。亮は私のこと、嫌い？」

正直それは嬉しかったけれど、死者との浮気なんて現世において何のプラスにもならないはず。それに、もしも僕が雪さんを受け止めてしまったら、智沙の心はどうなってしまうのか。もしかしたらもう二度と帰って来れないかもしれない。そう思うと、嬉しさと同時に恐怖を感じた。そしてその上で雪さんが健さんを見つけてしまったとしたら。きっと智沙の体のまま健さんのもとへ行くだろう。僕は全てを失ってしまうということだ。とにかく僕はできるかぎり冷静を装《よそお》った。

「浮気になるからダメだよ」

「どこからが浮気になると思う？　体の関係？　心が揺《ゆ》れなかったら浮気じゃないの？」

「体もそうだけど……やっぱ心が移ったら、だろうな」

「移るかもしれないの？　亮は」

「そうじゃないよ。でも、揺れるかもしれないから」

雪さんはまた濃厚《のうこう》なキスで僕を誘惑《ゆうわく》しようとする。しかしこのときの僕は妙に冷静だった。キスをしているときに目を開けてみる。雪さんは目を閉じたまま僕の体にいやらしく触《ふ》れてきた。

テレビの画面に、僕達の姿が映っていた。はたから見れば普通のカップルにしか見えないのだろう。僕はそれをひどく冷静な目で見ていた。

「一時の感情でするのはよくないよ。やめよう。無理だから」

雪さんの肩を掴《つか》み、睨《にら》むように真剣な表情で言った。雪さんは泣きそうな顔で、

「一時の感情じゃないよ。ただエッチしたいから言ってるんじゃないよ。智沙も眠ってる。何もわからないから。それはせめてもの救いでしょ？　ねえ、亮。苦しいの」

そう言って涙を浮かべながら僕に近づく。僕は後ろめたさを感じながらも、雪さんにそっとキスをした。雪さんの目から涙がこぼれた。僕は雪さんの服を脱がせた。それが雪さんのためになるのなら、なんてのは言い訳に過ぎないのかもしれない。そして僕は言ってはいけないことを口にしてしまった。

雪さんのことを、好きだ、と。

智沙にしてみれば、それが嘘だとしても絶対に言ってほしくはなかったはずだ。僕はそれをわかっていたはずだった。

事が終わって裸のまま布団の中で抱き合っていると雪さんは眠くなってきたと言い始めた。僕はそっとキスをして髪を撫でた。雪さんはそっと目を閉じ、智沙に代わった。目覚めた智沙は突然起き上がり、その目に大粒の涙を浮かべて、一言だけ呟いた。

「全部……聞こえてた……」

＊＊＊＊＊＊＊

そしてあたしはさっさと着替えて部屋を飛び出した。小雨の降る静かな夜だった。

もうどこにも行きたくない。どこにもいたくない。生きていたくないとさえ思った。幸せが壊れてしまう。こんなことで壊れるのならもう生きていなくてもいい。

……死にたい。

「ごめん！」「違うから！」「愛してる！」「好きなのは智沙だけだよ！」

途中で追いついた亮が何か言っている。でも何を言われてもうわべだけの言葉に聞こえてしまう。きっといつか移ってしまう。気持ちが移ってしまう。年上でしっかりしていて可愛い雪さんにはかなわないのかもしれない。

　自分なりにやってきたつもりだった。頑張っているつもりだった。でもそれは一人よがりで勝手な想いだったの？　そんな気持ちが消えなかった。

「信じてよ！」

「やだ！　もういい！　やなの！」

　あたしはまた亮を振り払って走った。

＊＊＊＊＊＊＊＊

　午後五時半。アパートを出てすぐの交差点を越えた辺りで一度追いついたが、智沙はまた走っていってしまった。ベタなドラマみたいな展開だと思った。きっと駅までの道にいるはず。僕はとりあえず駅へと走った。案の定、途中で智沙を見つけることができた。

　本屋の裏の路地で再び追いつく。雨に濡れているからなのか、涙を流しているからなのか、智沙は顔を上げようとしなかった。

　今度は智沙に触れようとせず、僕はただ無言で智沙の目の前に立った。何をどうすればいいのか、何をどう言えばいいのか、必死で考えた。これはさっき雪さんと話していた浮気そのものであることに今さら気付き、僕は自分を責めながら、それでもここでちゃんと伝えなきゃ……その気持ちだけは確かで。

「雪さんにどうして好きって言ったの⁉」

「本気じゃないよ！　そう言うことがいいことだと思った。雪さんを助けることになるかと思った！　彼女のためになると思った」

智沙はやっと顔を上げ、叫んだ。

「そうやって亮ちゃんは雪さんのことが好きになるのよぉ！　雪さんの方がいいんだって絶対思ってる！」

智沙の気持ちは、痛いほどよくわかった。

「思ってねぇよ！　智沙だけだよ！」

智沙はまた走り出してしまった。曲がり角を曲がるまでしばらく眺めたまま、僕は立ち尽くした。やがて行方《ゆくえ》を見失った頃、智沙から電話が掛かってきた。

「……もしもし」

「亮ちゃん、今までありがとう」

「……何言ってんの」

「ありがとうね。ばいばい」

　僕は直感した。智沙は今、死ぬ気だ。

「待ってくれよ！」

「………………」

「もう簡単に好きとか言わない！　約束する！　一緒にいて欲しいんだ！」

「……愛してる」

　電話はそこで切れた。

　智沙に、もう、会えなくなる。それは雪さんが健さんに想っていることと同じ状態になるということ。幽霊に取り憑《つ》かれて別れるなんて、まして死に別れなんて、嫌だ。嫌だ。絶対に、嫌だ。

　僕は全速力で駅まで走った。智沙のことだ。まだ電車には乗らないだろう。最後に一目僕を見て、そして何か言うはずだ。それが最後のチャンスだと思った。

＊＊＊＊＊＊＊＊＊

頭の中がぐちゃぐちゃで全然働かなくて、思っていることも何一つ上手《うま》く伝えられない。あたしの何が駄目だったのか、自分の欠点を探した。あたしは亮にとって物足りなかった。不満足だった。そんなやりきれない思いがどんどん自分を苦しめていく。それでも、もう亮と会えなくなるのなら、もう一度あの声が聞きたい、そう思って電話を掛けた。

ちゃんと言いたいことを言わなきゃ。言わなきゃいけないことは伝えなきゃ。一つひとつゆっくり言葉にしていく。一緒にいた時間が頭の中を駆け巡る。出逢ってから今日までいろんなことがあって、いろんな所に出かけて、いろんな人に出会って、そしていつもと同じように今日を迎えて。でも今日でその全てが終わってしまうの?

「ありがとうね。ばいばい」

「待ってくれよ!」

……ごめんね。心の中で何度もそう呟いた。

あたしには自信も何もない。この先一緒にいていいのかもわからない。生きていくことさえ自信がなくなっちゃった。だけどこれだけは変わらない。

「……愛してる」

だからそう一言だけ言って電話を切った。

切るとすぐにまた電話が鳴った。亮からのときとは違う着メロ。親友のまゆみからだった。

「……もしもし?」

今のあたしは人と話す気力もあまりないのだけれど、まゆみには最後にきちんと言っておかなくてはと思った。

「もしもし智沙？　今話してて平気？」

「うん」

きっと凄い声で話していたのだろう。彼女はこう言った。

「何かあった？　泣いてるの？」

あたしは今までのことを全て話した。もう嫌だ。逃げたい。死にたい。そう伝えた。するとずっと黙って聞いていた彼女は、

「何でもいいけど、一緒にいたいの？　いたくないの？」

……一緒にいたい。亮と一緒にいたい。でも、どうしていいのかわからない。素直になんてなれない。

「答え、決まってるんでしょ？　素直になりなよ」

「……うん……」

＊＊＊＊＊＊＊＊

案の定、駅裏のスーパーの近くで智沙を見つけた。死ぬとは言っているものの、死に場所なんてあるはずがない。智沙と僕が行くべきは、僕の部屋だけなのだから。

雨宿りしている智沙が僕を見つけて、傘に入ってきた。僕は誠心誠意、二言、「ゴメン」と「愛してる」。

そして強く抱きしめた。やっとわかってくれたようだった。いや、わかっていたからこそ僕を、あるいは自分を許せなかったのかもしれない。

「もう雪さんを抱いたりしないよ。好きなんて絶対言わないよ」

「絶対だよ」

「絶対」

「約束だからね」

「約束します」

「馬鹿」

「はい」

「帰ったらお風呂入らなきゃね」

「はい」

「浮気したいなら別れてからしてね」

「はい」

「……馬鹿」

「ごめんなさい」

智沙に僕のコートを着せ、雨に打たれながら部屋に戻った。痛いくらいにしっかりと手を握った。


帰ってからメールをチェックすると、市役所などから、個人情報は教えられないとか、わからないという内容のメールが届いていた。いかんせん雪さんの情報が少なすぎるため、雪さん本人に聞き込みをすることにした。ついでに智沙への謝罪もかねて夕食はファミレスへ行った。

食事が終わった後で雪さんに代わってもらい、メモ帳片手に話を聞いた。ケーキを一口分だけ残しておいたので雪さんはそれを美味しそうに食べた。幸せいっぱいのような顔をしてくれた。

雪さんは一九七四年生まれ（その年に事故に遭ったかと思っていたのは僕らの勘違いだ

った)、で出身は群馬。年齢ははっきりしないが九二、三年までの記憶はあるという。二八歳だというのは、現在までの年齢を数えていれば二八になっていたという意味だった。一八か一九で伊豆に行ったとしても、事故に遭った頃の年齢は二〇歳前後だろう。よく行った場所の話を聞くと、やはりサーフィンや海に関係した場所だった。健さんとのデートはいつも海だったが、一度だけ東京や北海道へも行ったことがあるらしい。伊豆の海に近いのは国道一三五号か一三六号。白浜の海と言っていたから、おそらく一三五号だろう。

普段はすごく元気な雪さんが、このときはとても寂しそうだった。これがいいことか悪いことかはわからなかったが、この人のために、僕はやはり健さんを探してあげたいと思った。そしてこんな雪さんにこれほど愛されている健さんは幸せだと思った。死ぬほど愛している。いや、死んでも愛している。その気持ちのために、何かしてあげたいと思った。

智沙が眠くなると雪さんが出てくるというこの現象。二人を区別するスイッチがだんだん曖昧《あいまい》になってきているような気がする。眠りにつくことがゆっくりとダイヤルを回すように意識を消していくことだとしたら、気を失うことは意識のスイッチをいきなりオンからオフに入れ代えることだ。

そういえば最近の智沙はよく眠いと言っている。少し前まで不眠症だったはずなのに。

二月一三日

朝から図書館に行って手がかりを探してみる。サーフィンの大会や事故などの記述があればと思ったが、何も見つからなかった。新聞も静岡版は置いてなかった。電話番号も見つからなかった。仕方がないので昼食後に雪さんとデートをすることにした。それで何かまた情報が聞き出せればしめたものだ。もちろん智沙了解のもとの行動だった。

高級家具売り場のソファベッドで横になり、智沙は目を閉じて脱力した。しかしすぐに目を開け、ベッドの感触《かんしょく》を楽しみ始めた。

「雪さん？　早いな」

「えへへー。どこ、ここ？」

「いいから。ちょっとデートしよっか」

まずはCDショップへ行く。雪さんはなぜか平井堅に興味津々だった。まるでタイムスリップしてきたかのような（実際にそうなのだが）雪さんの反応は、見ていてとても面白いものだった。例えばモーニング娘。を知らないこと、雪さんの記憶にあるミスチルの最新曲がイノセントワールドだったことなど。また、ハンバーガーや牛丼や缶ジュースの値段や五パーセントの消費税にも驚いていた。さらに、

「足がくしゅくしゅしてる！」

ルーズソックスを見てはそう言って驚き、

「シングルCDが大きいよ！」

そう言ってはマキシシングルに驚くその姿は、とても愛らしく思えた。

それから本屋へ行き、伊豆の地図を見せて思い出の場所を尋《たず》ねるも、あまり有効な手がかりは得られなかった。

部屋に帰ってから雪さんは再び不安を語り出した。健さんに会うのが怖い。どうしていいかわからない。助けて。助けて。そう言って僕にすがるも、僕にはどうしようもなかった。ただ黙って雪さんを抱きしめた。しかしこのままでは埒《らち》があかないので一旦智沙と代わってもらい、智沙と話をする。

智沙は、自分はいいからできることをして助けてあげてと言った。僕は、あるいは……、その助ける方法とやらを知っていたのかもしれない。しかし卑怯な僕はそれを智沙の了承

のもとで行おうとしていた。

それは雪さんを抱くこと。だけどそれは心を体で誤魔化《ごまか》すことではなく、一人ではないという安心感や安らぎを与えることだ（これもまた言い訳に過ぎないのかもしれない）。セックスはただの欲望のはけ口ではないはず。心と体の、ある意味で重要なコミュニケーションなのだろう。

そうして僕は部屋の明かりを消し、そっとキスをして、雪さんの服を脱がせていく。セックスの最中、雪さんは少し落ち着いたと言って、途中で智沙に代わった。僕はそのまま智沙も抱いた。智沙とするのは久しぶりのような気がした。最低なことに、僕はこのとき、ちょっとだけ美味しいと思ってしまった。


その夜、雪さんが出ているときに言われた。

「二人とも、互いのことを傷つけたくないから本音で向き合おうとしてないよ。たとえ傷ついても、本音でぶつからないと……、いつかダメになっちゃうよ」

その通りだった。僕も智沙も確かに互いに気を遣いすぎていて、言いたいことを言わずに付き合ってきた面があった。しかしこれはいい機会だ。中立の立場の雪さんが僕らを間違ってないと言ってくれる。修羅場《しゅらば》になっても大丈夫だと言ってくれる。

そして僕らは胸のうちの不安をほぼ全部打ち明けた。僕の言葉はそのまま智沙に、智沙の言葉は雪さんの口から。

不安や悩みや弱さを打ち明けても大丈夫であろうことは、本当は僕も智沙も知っていた。

二月一四日

同棲しているわけだから智沙がチョコを作ってくれていたことは知っていた。それでもちゃんと貰えるのは嬉しいものだ。昨夜は久しぶりに映画を見てから眠りについた。起きたのは昼過ぎだった。春休み中の大学生とはいえ、最近の僕は寝すぎだと思う。

近頃は、いつの間に代わったのかと思うほど智沙と雪さんはコロコロ入れ代わるようになっていた。雪さんはチョコを買うことも作ることもできない代わりに、僕とエッチをしてくれた。智沙から見るとこれはやはり浮気なのだろうか？

どうも僕は、どちらかというとダメ人間に分類されるようだ。

その夜、不意に現れた雪さんは健さんに会いたいとずっと言い続けていた。

「会いたい。会いたい。今すぐ。ねえ。会わせてよ。ねえ亮。会いたいよー」

「雪さん、落ち着いてよ！」

「怖いけど会いたい。でもやっぱり怖い。どうしよう。ねえ、どうしたらいいの？」

「だから落ち着いてってば！」

「でも現実を受け止めるのはやっぱり怖いよ。ダメかもしれない……」

雪さんは自分を見失っているようだった。不安定になっていく雪さんを見ているのはとても辛かった。僕にはやっぱり何もできないんじゃないのか？　そう思って僕も困り果てていると、雪さんが一言。

「もういい」

そう言って智沙と代わった。しかし雪さんはまだ胸の中にいると言う。すると突然智沙が胸を押さえて倒れこんだ。

「痛い……痛いよぅ……」

原因不明の心臓の痛みに苦しむ智沙に、僕はどうしていいかわからなくて、ただ智沙の手を握り、雪さんに「やめてくれ」と言うことしかできなかった。僕にとってはその存在を見ることも感じることもできない幽霊としての雪さん。もしかしたら部屋にはいないかもしれない。しかし僕は必死に雪さんの名を呼び続けた。

しばらくすると智沙が顔を上げた。息もできないほどの苦しみの中、雪さんの気持ちが伝わってきたという。雪さんは智沙を殺して、愛している人に会えないという同じ思いをさせたいがためにそういう行動をとったのだった。

それだけ言うと、智沙は意識を失った。目覚めたときには雪さんに代わっていた。

「ごめんね……亮。智沙にもごめんって」

「よかった。悪霊になっちゃったかと思ったよ」

なんとかなだめることができた雪さんだが、次は僕を誘惑してきた。いつもの激しいキスで僕の力を抜き、必死に抵抗しても両手を押さえつけ僕の上に乗る。僕は違うことを考えて自分の体を抑《おさ》えようとした。さらに真剣に、ダメだ！　とかやめろ！　と言ってみたが、雪さんの動きはさらに激しくなるだけだった。

事が終わった後、雪さんはごめんねと呟くと智沙と入れ代わった。僕はまた深く反省した。智沙にはひたすら謝った。これは事故だった、ということでなんとか許してくれた。だけど、これで智沙をいい子だと思って調子に乗ってはいけないのだ。

雪さんは調子に乗ってきている気がする。しかし、雪さんは僕のことを好きになってくれた部分もあるのかもしれない。雪さんがこのまま長く存在すると、僕は心が移るかもしれない。しかしまだ大丈夫。

誘惑されてももうエッチはしないよと智沙に約束した。それは自分に言い聞かせるのと同じ意味だった。


雪さんはサーフィンをしていた頃、子供たちに雪ネエと呼ばれていたらしい。先ほどのエッチの最中、なぜか雪さんはそんなことを言い出した。

「海で遊んでる子供がね、私のことを雪ネエって呼ぶの。雪姉ちゃんを略して雪ネエね。でね、雪ネエをからかうと健が来て怒られるぞーって言うの。健は子供に怖がられてた。だけどときどき一緒になって遊んだりサーフィン教えたりしてたんだよ」

これからは僕らも雪ネエと呼ぶことにした。本当は年下のはずなのに自分は二八歳だと主張したり、逆に二十歳前後の女の子にはなさそうな妙な大人っぽさを持っていたりと、これが僕の心を乱す原因になる。

雪ネエは霊というよりも小悪魔だ。


しばらくして落ち着いてから智沙と散歩に行ってきた。そのとき、不意に胸の中から雪ネエが消えたと智沙は言った。僕らが部屋へ帰ってきた頃には雪ネエも智沙の胸の中に戻ってきていたらしいので代わってもらい、先ほどいなくなっていたことについて聞いてみた。なんでも、猫に乗り移ってみたというのだ。人間の言葉は理解できるが、自分が言葉を話そうとしてもニャーとしか言えなかったという。馬鹿みたいな話だ。他にも、ファミレスの店員に乗り移ってウェイトレスの真似事をしてみたり、その客に乗り移って料理を食べたりしたという。さらには車でドライブしている人の助手席の人に乗り移りドライブを楽しんだりしたらしい。

二月一五日

朝起きると、なぜか智沙は風邪を引いてしまっていた。布団で智沙を寝かしておくが、その隙に雪ネエが現れた。しかもおかゆを作ってくれた。

「あー。確かにちょっと熱っぽいね」

「寝てなよ。智沙の体なんだから、起きてたら意味ないじゃん」

「はいよー」

しぶしぶ布団に入る雪ネエ。いくら体がだるくても、これは自分の体ではないから平気なのだという。

「ねえ、亮？　実は私、ちょっといいことしたことがあるんだ」

雪ネエは突然、嬉しそうに話し出す。

「えー？　何？　何？」

僕も乗ってみる。普通のカップルみたいな気楽な会話だと思った。目の前にいるのは(姿かたちは)自分の彼女なのだ、当然だろうか。

「私ね、キューピッドしたことがあるんだよ」

「どういうこと？」

「昔ね、健を探してたときなんだけど、ある二人がいたんだ。友達以上恋人未満？　みたいな二人ね。で私、その女の子の方に入って、心の中で思ってる気持ちを全部男の子に言ってみたんだ。好きだっていう素直な気持ちをね。そしたらその二人はめでたく付き合うことになったんだよ。凄くない？」

「おお、凄いじゃん」

「ねー」

そんな他愛もない会話を繰り返した。しかし雪ネエの話はいつも健さんのことに変わっていくのだった。健は凄いんだよ、かっこいいんだよ……。僕はそれを複雑な気持ちで聞いていた。

その夜は新宿に行った。僕と智沙が居酒屋で食事をしていると、雪ネエはまた智沙から抜け出ていった。一時間ほどして帰ってきたが、なんとホストクラブに行ってきたという。客に乗り移ってピンドン（ピンクのドン・ペリニヨン）を頼んで飲んできたらしい。しかもお会計は二五〇万だったと平気な顔をして言い放った。ピンドンが一五〇だが、その前にも一〇〇近く豪遊《ごうゆう》していた客だったらしい。お会計を告げられた瞬間にその客と入れ代わり、その後、他の客にも乗り移ってまたピンドンを頼んだらしい。両方合わせてボトル一本分は飲んだと笑いながら話す雪ネエ。僕は彼女をとてつもない大物だと思った。

＊＊＊＊＊＊＊＊

二月一六日

　雪さんがあたしの体で出てきている時、あたしの意識がだんだんなくなってきている気がする。真っ暗な闇に放り出されて記憶が宿るまでそこに一人。そんな中、亮と雪さんの会話だけが響くように聞こえてくる。このまま戻れなくなるのでは？　そんな不安がよぎる。もしも雪さんがあたしの体で生き続けようとしたら、あたしはいなくなってしまうの？　そしたら入れ物がないあたしの魂はどうなってしまうの？　そう考えただけで不安で潰れそうになる。

　しかしその日の孤独は、いつもと少し違った。闇の中で不安になっていると不意に目の前が少し明るくなった。そして目の前にとてつもなく大きな川が現れた。足元はどす黒くて汚い川岸なのに、向こう側は明るくて色とりどりの花が咲いている。そしてそこには友達や祖父母など、もうこの世にはいない人たちが笑っていた。しばらく歩いていくと目の前に古臭い橋が現れた。その橋をあたしはゆっくり渡り始めた。一歩一歩ゆっくりと……。
　半分くらいまで来たところで、川の流れが急に早くなった。無数の手が川から出てきてあたしの足をつかみ、川の中に引きずり込もうとしてきた。辺りはずっと無音だった。怖くなったあたしはすぐ反対に向きなおって、その手を振り払いながら今歩いて来た汚い川岸の方へ必死に走って戻った。

川岸に着いたと同時に、あたしは目覚めた。目の前には不安そうな亮の顔が。あたしは涙が止まらなくなってしまった。今思うと、あれが三途《さんず》の川なのかもしれない。どうしていきなり臨死体験なんかしなきゃいけないの？　もしかして雪さんがあたしの体を浸食《しんしょく》し始めているの？

このまま意識を乗っ取られるような気がしてきた。

……もう正直限界。

＊＊＊＊＊＊＊

雪ネエが表に出ているとき、智沙の意識がだんだんなくなってきているという。雪ネエに聞いた話では、今までは胸の中で『眠っている』とか『起きている』、『心の中で会話できる』と認識できていたが、だんだん『心の中にいない』という状態が増えているのだという。そして次に目覚めた智沙は変な体験をしたことを話してくれた。

夕食はまたファミレスに行ってきたのだが、その帰り道。智沙が体がだるいと言うので雪ネエに代わってもらった。最近は坂や長い道が嫌だと智沙が言うと、雪ネエが代わってくれる。それは便利かもしれないが、リスクが高すぎる気がした。

雪ネエは三年ほど前に一度、今のような状況を経験してきたのだという。健さんによく似た人の彼女に乗り移り、その人を演じて生きたことがあった。しかしいつしか『彼は自分をその彼女の名で呼ぶ。だけど自分はその子じゃないし、彼も健じゃない。雪という存在はここにはない』と理解し、体を抜けたという。そのときは今のように頻繁《ひんぱん》に本人と入れ代わったりはしておらず、ずっと体を使い続けていたらしい。

その結果、彼女本人の意識は体からすでに抜け落ちていた。彼女の意識はそのまま戻らず、放置した体は静かに死を迎えるだけだった。雪ネエは彼女の葬式も見たという。

僕が恐怖を感じたのは、その後の雪ネエの一言だった。

「その子の葬式を見たんだけどね、悪いことしたなぁとか、罪悪感とか、そういうのがなかったんだ。運が悪かったねとか、仕方なかったねって思っただけだったんだ……」

雪ネエはさらに続けた。

「こういう状態になるとね、亮や智沙のために何かしてあげたいって思う心と、その逆の心があるんだ。それは簡単に反転するんだ。人の幸せのために何かしてあげたい自分と、人の幸せが憎くてたまらない自分がいる。こういう状態……霊なんだけど、こうなっちゃうと一度反転したら自分の力では戻れないんだ。そういう人をいっぱい見てきた。早い話、悪霊になっちゃうんだ……」

二月一七日

昨夜、僕の部屋に来ていたという僕の祖母やかつての飼い犬のポチ、智沙の祖父母、僕と智沙の共通のメル友の加奈子と順番に話をした。会話の方法は雪ネエと同じく、智沙の体に憑依《ひょうい》して行うというものだ。しかし憑依に慣れていないみんなは、雪ネエがその魂を智沙の体に出し入れするという方法で入れ代わりを実現した。

ポチもちゃんと人間の言葉を使った。頭や背中をなでると喜んだ。おすわり、お手、お代わりをした。たまたまそばにあったポテトチップスをあげると手を使わずに食べた。両足で歩けることに自分で驚いていた。

犬のくせにボキャブラリーが豊富なのは、智沙の体を使っているからなのだろう。智沙が持っている言葉を自分の感情で表現する、そんなところだろう。

ポチは犬の愚痴《ぐち》をこぼした。水を飲むときは口の周りが濡れるから嫌なんだよとかドッグフードはあんまり美味しくないんだよ、と。しかし頭を撫でると、もっと遊んで！　と嬉しそうにはしゃいだ。生前もっと構ってあげればよかったと思い、僕は思わず涙を流した。

「ポチ、そっちじゃご飯はどうしてんの？」

「ばあちゃんが作ってくれるよ。この前はね、魚をご飯に混ぜたやつだったよ」

無邪気にそう言うポチを見て、僕は思った。魚もまた命だったはず。天国……といっていいのか、『向こう』の世界では、現世では食べ物とされていた動植物はどのように存在するのだろう。魚や肉も、命を持っていたはずなのに。

みんな僕に頑張れと言った。幸せになるために頑張れと。

雪ネエのおかげでいろんな霊と話すという不思議体験をあるがまま受け止められる自分がいて、僕は少し複雑だった。僕には霊感なんて欠片《かけら》もないし、僕の部屋にそんなに沢山の霊がいるなんてことも知らなかった。ばあちゃんやポチにいつも見守られていたことなんて、知らなかった。

そして朝。本来は今日、僕らは伊豆に行くはずだった。今日は晴れるという予報を信じていた。明日の午後から雨だということと、これ以上雪ネエに関わると智沙の体が持たないということで今日しかないと決めていた。伊豆に行けば何か変わる、そう信じていた。

しかし目覚めたのは午前十時。僕のバイクで二人乗りして行くつもりなのでもっと早く起きる予定だったが、ついつい寝過ごしてしまった。少し遅れたが行こうかどうかと迷っていると、雪ネエがパソコンをいじり始めた。かつて仕事でパソコンを使っていたため、使い方はわかるという。でも雪ネエが生きていたときはインターネットなんてなかったはず。まあいい。何かわかればラッキーだ。

そして雪ネエは昔よく見ていたというサーフィン関連のサイトの掲示板で、雪ネエ自身の友達の書き込みを見つけたらしい。

「私、この子の番号わかるよ。掛けてもいいかなあ、亮?」

まさに急展開だった。確かに、その人に聞けば全てがわかるかもしれない。電話さえ通じれば、現在の伊豆や健さんの情報が全てわかるかもしれない。僕は興奮した。

「雪ネエ、掛けようよ。俺の電話使っていいから」

僕は携帯をポンと渡した。

「うん。でも、信じてくれるかなぁ」

そっと雪ネエの手を握って微笑む。雪ネエはひとつひとつ確認するようにボタンを押していく。

……プルルルル、プルルルル……

「亮、電話つながったよ！」

「ああ、取ってくれるかな」

静かな僕の部屋に、小さな呼び出し音が響いた。僕は息を呑んで見守った。しばらくして、雪ネエが僕の方を振り向いて笑った。相手が電話に出てくれたようだ。

「もしもし……舞？　ねえ、信じてもらえないかもだけど、あたし、雪なの」

僕は何も言わずに雪ネエの言葉を聞いていた。

「健のことを知りたいんだけど……」

僕の手をぎゅっと握る雪ネエ。

「いいから。大丈夫だから話して」

不安そうな表情の中にも、期待が窺《うかが》えた。

「うん。わかった……」

雪ネエはそう言って僕の方を向き、頷《うなず》いた。そして最後にありがとうと言って電話を切る。

しばらくの静寂《せいじゃく》の後、雪ネエはふーっと深く息を吐き、今の電話の内容を話してくれた。

雪ネエの事故から一年後、健さんはカリフォルニアでプロとしてやっていくと決めて渡米。そのとき、かつて二人で飼っていた犬も連れて行った。シーズーのポニー。以前雪ネエがその犬について嬉しそうに話してくれたことがあった。犬が大好きな雪ネエ。そのポニーは雪ネエの事故の後、名前を『ゆき』に変えたらしいとのこと。そして健さんについては、アメリカで二〇〇〇年の大会に出場。三メートル級の大波に乗った。しかし波に呑まれそのまま帰らぬ人となってしまった。

皮肉にも雪ネエと同じようにサーフィン大会での事故で、健さんは亡くなっていた。

遺骨の半分は伊豆のお墓に、そしてもう半分はカリフォルニアの海に。それは健さんが前々から言っていたことだったらしい。健さんの友達はそれを実行した。遺骨の半分をカリフォルニアの海に撒《ま》き供養《くよう》した、ということだった。

そこまでを話してくれて、雪ネエは虚ろな表情のままで僕の目を見つめた。

「涙が出ない。どうしよう。手がかりとか全部なくなっちゃったよ。伊豆行く意味がなくなっちゃったよぉ！　健が……いない……もう三年も前に死んでたなんて……」

泣きたいのに泣けない。それは笑えないことよりも辛いことだ。僕は何も言わずにそっと雪ネエを抱きしめた。

「亮……、私、健に会いたいよ。健のことが好きなの……会いたいの……」

僕に少しだけ存在した雪ネエへの恋心を、このとき僕は自分の中で消し去った。やはり本気にならなくてよかった。雪ネエはずっとずっと健さんのことだけを考え続けている。他の男が入り込む余地なんてない。僕は代わりにすらなれない。これほどまでに愛されている健さんを羨《うらや》ましいと思いつつ、しかし僕は雪ネエという何でも話せる友達ができたことに感謝した。

しばらくして落ち着いた雪ネエは顔を上げ、微笑んだ。

「亮、私やっぱり健に逢いに行く。向こうの世界にいるんなら今日中に見つけることができるから」

そして雪ネエは智沙と代わった。例によってガクンと首を落とす智沙の体。僕は智沙を揺り起こし、今あったことを話した。

「逢えるといいね、亮ちゃん」

「きっと逢えるよ。あの二人なら」

僕にはなぜか確信があった。

＊＊＊＊＊＊＊＊＊

昼過ぎ、亮と二人でビデオを見ていると雪ねぇが一人の男性と一緒に戻ってきた。背が高くがっしりしていて、真っ黒に日焼けをした男性だった。

「智沙、健だよ！　逢えたんだよ！」

健さんは照れくさそうに笑っていた。仲良く腕なんか組んじゃって、二人とも幸せそうな顔で笑っている。

「雪がお世話になりました。ご迷惑かけたでしょう」

健さんはあたしに向かって深々と頭を下げた。健さんの足元にはシーズーが尻尾を振って座っていた。きっと雪ねぇの家で飼っていた犬だろう。話を聞こうと思ったが、

「またあとで来るね」

そう言うと二人ともいなくなってしまった。

しばらくすると雪ねぇだけが部屋に戻ってきた。健さんはと聞くと、

「うん、あの後またサーフィン行っちゃった」

とつまらなさそうに言った。しかし雪ねぇの顔にはもう今までとは違って、淋しそうな表情はなくなっていた。

「雪ねぇ、よかったね！」

「うん！　ありがとう！　二人のおかげだよ！」

「そんなことないよ。今度は幸せになれるといいね」

「うん！　亮にもちゃんと報告したいんだけどいいかな。ちゃんと自分で話したいんだ」

今までにない幸せそうな笑顔でそう言うと、雪ねぇはあたしの中に入ってきた。

＊＊＊＊＊＊＊＊＊

「早いね、雪ネエ」

「健に会えたよ！」

「そっか！　よかったなぁ！」

「うん。夜になったら連れてくるから」

雪ネエはいま健さんを連れて来れない理由を簡単に説明してくれた。僕は雪ネエに携帯を渡した。

「さっきの友達、また電話したほうがいいかもね」

「うん。そうする」

嬉しそうに電話を掛ける雪ネエを見て、僕も嬉しくなった。これで智沙を不安にする要素がまた一つなくなる。僕らも少しはいいことをしたんじゃないかな？

　その夜、嬉しそうな顔をした二人が僕の部屋に現れたらしい。僕にはやっぱり見えないけれど、二人を見た智沙が僕にその様子をちゃんと教えてくれた。部屋の端っこでイチャイチャしていることも、ずっと嬉しそうに手を繋いでいることも。

よかったね、雪ネエ。どうか二人が永遠の幸せを手に入れられますように、そう祈ってるから。今度こそ、幸せになってね。

「もし健さんが体が必要なら俺のを貸すから、いつでも言ってよ」

　誰もいないクローゼットの辺りに向かって僕は微笑んだ。

　雪ネエはその時の状況を嬉しそうに語ってくれた。

　気付くと海辺にいたらしい。とても青くて美しいその海で、サーフィンをしている健さんを見つけた。雪ネエはかつてと同じように海岸で健さんが帰って来るのを待った。海から上がる健さんに遠くから名前を呼ぶと、健さんはキョトンとした顔で、それでも嬉しそうに、あの頃のように笑って歩いてきた。

「何やってんだよ？　こんなとこで」

「健に逢いに来たの。ねえ、私がここに来るのに協力してくれた人がいるんだ。健にも会わせたいよ。後で会いに行こうよ」

「ああ。でもちょっと待って」

　嬉しさを照れ隠しする健さんと、真剣な眼差しで見つめる雪ネエ。

「……私も色々あったんだよ」

「ああ。一人にしてゴメンな」

　二人は少しの間、何も言わずに見つめ合った。

「健、ずっと逢いたかった」

「俺もだよ」

　健さんは雪ネエを強く抱きしめ、そのまま互いのこれまでのことを話し合った。互いが互いの話を黙ったまま聞き、全てを受け止めた。

「雪、もう俺らは死んじゃったから、遅いのかな」

「何が？」

「遅くないとしたら、雪……結婚しよう」

「……うん……！」

健さんが雪ネエと交わした二つの約束。サーフィンでプロになることと、結婚して幸せになること。

「やっと叶ったね」

誰もいない美しい海で、二人はそっと口付けを交わした。

「じゃあまたちょっと行って来るかな！」

健さんはいつものようにサーフィンをしに、再び海へと走って行った。

第二章

二月一九日

雪ねぇが健さんと一緒に部屋に来るようになってから、何故か二人ともあたしを睨んでいる。しかもとてつもなく恐ろしい目で。少し前までの二人とは似ても似つかない顔で……。

「自分達には体がなくって、幸せだけど幸せにはなれない」

雪ねぇはそう呟いた。幸せだけど幸せになれない。あたしたちが今存在しているこの現世では何が幸せで何が不幸せなのだろう。死んだ人からすると体があるだけで幸せなのだろうか？

「智沙に乗り移って亮を殺してから自殺したら、傍目《はため》には心中にしか見えないのかな」

そんなことまで言い出した。でも、もしそんなことになったら……。そういえば最近そんな夢を見た。あたしが亮を殺す夢。万が一そうなってしまったら、本当にあたしと亮が心中したようにしか見えないのかもしれない。

＊＊＊＊＊＊

雪ネエがいつものように智沙に乗り移る。しかしこのときは様子が違った。妙に真剣な顔をしている雪ネエ。いつもの微笑みは、そこには欠片《かけら》も存在しなかった。

「ど、どうした？　雪ネエ。健さんは？」

　こんな顔をした雪ネエは見たことがない。霊感のない僕だがこのときは何かを感じたのか、体が突然ガクガクと震え始めた。

「私と健はこっちで幸せになれないのに、亮はどうして幸せなの？」

　そう言って突然首を絞めにかかる雪ネエ。かなり本気だ。

「ちょっと待ってよ！　どうしたの一体？」

「殺すの……」

「待ってよ！　雪ネエ、どうした？　何かあるならしたいことでも何でも言って、いつも聞いてきたじゃん！」

「亮を、殺すの……殺させて……」

　何を言っても聞いてくれない。布団の上で格闘し、どうにか手をつかんで動きを止める。力ではもちろん僕の方が強いのだが、智沙の体を傷つけるわけにはいかない。僕には抵抗する手段がほとんどなかった。そして雪ネエもそれを知っていた。

「どうせ亮には何もできないんでしょ？　さっさと手を放してよ……」

　雪ネエは僕を睨みつけてそう言い、また首を絞めにかかった。僕は雪ネエの手を押さえつけ、「まだ死にたくない！」と連呼してみた。しばらくすると雪ネエは突然気を失ったようになり、智沙に戻った。しかし、少し時間が経つとまた智沙に乗り移った。今度は僕が「智沙に会いたいんだ！」と言い続けるとまた気を失い、智沙に戻った。しかしすぐにまた乗り移る。次はただ「智沙！」と叫んでキスをすると戻った。

このときの戻り方は今までのようにそっと目を閉じ脱力して放心状態になってから意識を失うのではなく、いきなり白目をむいて倒れ込むというものだった。

僕を殺そうとする雪ネエはとても恐ろしい表情だ。つい昨日までの純粋な瞳はどこへ行ってしまったのだろう。

何も言わず、動物のようにフーッ！　フーッ！　と唸りながら首を絞めにくる。何か言ったかと思えば、殺すという一言だけだった。

「どうしていきなりキレたの？　健さんはどこ行っちゃったの？　ねえ！　雪ネエ！　答えてよっ！」

「いらない……もう何もいらない。思い出も幸せも健も亮も智沙もみんないらない。みんな嫌い。みんな殺すの……」

そういえば以前雪ネエは言っていた。霊は心の状態がすぐ不安定になり簡単に反転してしまうのだと。そして雪ネエのこの突然の凶変。僕らはこのまま部屋にいては殺されるかもしれないと思い、この夜は僕の友達の家に行って夜を明かすことにした。雪ネエはその場にいたと智沙は言っていたが、なぜか何もされなかった。まるで僕らが二人きりになるところを待っているかのように、友達の部屋でじっと僕らを睨んでいたらしい。携帯電話のカメラで智沙が指差した場所を撮ってみたが、僕と友人にはただの散らかった部屋の写真にしか見えなかった。

部屋に戻ると再び殺されかけた。大丈夫だろうと甘く見て布団に入ると、智沙はポケットから隠し持ったカッターを取り出して僕の首に突きつけた。帰ってきてから雪ネエは出ていない。ずっと智沙の意識のままだったはずだ。智沙は体が勝手に動いたと言った。その後、智沙なのか雪ネエなのかわからない虚ろな意識の智沙がトイレへ行くといってキッチンへ行き、包丁を手に取った。しかしこれはさすがに戸惑ったようで、しばらく包丁を見つめていただけで包丁立てに収めた。まだ理性も少しは残っているようだが、いつ殺されるかわからない。正直、明日僕らが死んでしまってもおかしくないこの状況。

……怖い。

智沙が眠ると雪ネエが目を覚ますようになった。つまり智沙の肉体は眠ることができない。しかも雪ネエはかなり強い霊らしく、起きている智沙を無理矢理眠らせて意識を入れ代えることも可能だ。普通に生活している人に簡単に乗り移ったり抜け出したりすることさえできるほどだ。以前、智沙とバイクで二人乗りしていたときに急に入れ代わって僕を驚かせたことがあった。もし今、それが起こったら僕はどうなってしまうのだろう。

二月二〇日

ポチを智沙に憑依《ひょうい》させて話を聞いた。ポチの話では雪ネエはずっと怖い顔をしているらしい。しかしポチやばあちゃんでは雪ネエを止められないという。健さんはときどきいなくなって、帰ってきたときには怖い顔をしているらしい。

もうあの人を雪ネエと呼ぶのはやめよう。僕が好きだった雪ネエはもういない。あれは『ユキ』という名の、ただの……悪霊にすぎないのだから。
ユキは昼でも夜でも構わず現れる。あろうことか、ポチや智沙になりすまして僕を欺き、殺そうとしてくる。亮ちゃん、と呼びかけて僕の注意を逸《そ》らしては殺しにかかるのだ。そういえば手の力が強くなっている気がする。躊躇《ちゅうちょ》するということがなくなっているようだ。

「みんな殺す」

さらにそんなことまで言い出す始末。何を言っても聞かず、殺す殺すとまるでうわごとのように呟きながら僕を睨み、そして首を絞めようとしてくる。

そんなとき、不意にユキの表情が変わった。

「亮ちゃん……？」

智沙の声だ。ユキがフーフー唸っている中、智沙の声も聞こえる。その表情は混乱そのもので、怒ったり困ったり、はたまた泣きそうだったりと一瞬でコロコロ変わっていく。

「亮ちゃん……あたしはいいから……」

首を絞める手はそのままだが、智沙の意識は戻ったようだ。

「智沙？　どうした？　大丈夫？」

しかし智沙は苦しそうに息を切らしている。僕の名を呼ぶのと同時に、殺すという言葉もまた聞こえる。両方の意識が同時に体を使っているというのか？

「亮ちゃん……女が一番屈辱《くつじょく》なことってさ……わかる？」

「何？　わかんねぇよ！　いいから、諦めるなよ。助けるから」

「フーッ！　フーッ！　殺す……亮ちゃん？　いいから……してあげて……もしかしたら……殺す……なおるかもしれないじゃない……？　殺す……うっ！」

「でも、それって……もしかしてさ……」

「いいから……」

「ショック療法みたいなものか？　いいのか？　なあ、智沙っ」

「いいから。雪ネエに……殺す……戻って欲しいから……あたしは大丈夫だから……殺す……」

結局、ユキを無理矢理襲うことでその途中で智沙に戻った。ショックを与えるためとはいえ、そんなことはしたくないのに。

智沙の意識が戻ってから、僕は強く智沙を抱きしめた。智沙はその後、友人にメールを打っていた。

『もし近いうちにあたしが死んじゃったらごめんね。今までありがとう』

二月二一日

　夜になると再びユキが現れた。何とか説得しようと両手を押さえつけ、馬乗りの体勢で優しく呼びかける。しかし何も聞いてはくれない。今度は「戻れ！」「帰れ！」と強気で言ってみる。しかしユキはカッと目を見開いて、馬鹿の一つ覚えのように「殺す」と言うだけだった。しばらく押さえ続けていると智沙の体からフッと力が抜けた。

「亮ちゃん……？」

「智沙？　戻ったの？　大丈夫？」

「うん。ありがとう……ごめんね」

　目覚めた智沙はゆっくりと台所へ歩いていく。僕は少し不安になったのでついていった。手を洗った智沙は僕に左手でしがみつき、右手で包丁立てを探り始める。目の前にいるのは智沙じゃない。ユキだ……！

　このときばかりは本気で殺されると思った。首を絞めるだけならば結局、力で押さえつけることで動きを止められる。しかし凶器を持ち出すと話は別だ。僕はとりあえずユキを布団に押し倒し馬乗りになった。

今度はじっとユキの目を見つめる。何を言っても無駄なら、逆に何も言わなければいい。しばらくすると智沙が目を覚ました。そのとき部屋に流れていた曲は、以前雪ネエが好きだと言っていたドリカムだった。

「音楽変えていい？　あゆ聞く」

「……ああ」

ＣＤを換えて布団に横になり、智沙はまたそっと目を閉じる。次に目を開けたとき、それが誰だか僕にはわからなかった。智沙？　ユキ？　雪ネエ？　ポチ？　ばあちゃん？　加奈子？　智沙のじいちゃんばあちゃん？

その人は、僕の顔や髪をそっと撫でて微笑んだ。

「大変なことになっとるみたいやな」

「……ばあちゃんか。うん……ユキが、ちょっとね。そっちからじゃ抑えられない？」

「無理やな。強すぎる。それに何言うてもわかってくれんしな」

「ばあちゃん、どうすればいいかなぁ」

「……うん。ばあちゃんが思うに、雪さんはまだ遺体が上がっとらんのじゃないかなぁ」

「それは僕も思った。じゃあ、健さんがいない理由とかはわかる？」

「わからんなぁ。ずっとおらんしなぁ」

「……やっぱ伊豆に行ったほうがいいかな」

「そうやな。そんで供養してやらな。それでも、供養してもやっぱり除霊みたいなことはした方がいいと思うぞ。こういうことになると、いつまた心が反転するかわからんしな」

「……うん。でも除霊もけっこうお金がかかるらしいんだ。智沙の知り合いで長崎にそういう力を持った人がいるらしいんだけど。今の僕らにはお金もない」

「往復代か。飛行機になるかな……でもそれで命が買えるんなら安いもんやぞ」

「だとしても。それに……。智沙はもう、半分以上諦めてる。次にユキが来たら、死んでもいいって言い出すよ。もう時間がない。たった二、三日のことだけど、精神的にかなり参ってるよ……僕も」

「そうみたいやなぁ」

「まあいいさ……ばあちゃん、ありがと。智沙に代わって」

「大丈夫か」

「頑張るよ」

そう言うとばあちゃんは目を閉じ、体の力を抜いた。また首がガクンと下がる。次に目を開いたとき、彼女は不思議な笑みで僕の鼻をつついた。

「加奈子か？　どうした？」

「えへへー。来ちゃった」

「あのさぁ。今それどころじゃないんだよ。わかってるだろ」

「うん。邪魔だった？」

「邪魔じゃないけどさ。そういえば、あれってやっぱ雪ネエなの？　別の悪霊とかじゃなくて？」

「うん……、私も話してみようと思ったんだけど、雪さん本人だよ。何も聞いてくれないけどね。私らのことも傷つけようとするんだ」

「そっか。ごめんな」

「ううん。いいの。大丈夫？」

「俺は大丈夫だけどさ。精神的にも体力的にも、智沙は辛いだろうな……」

「そうだね。じゃあ代わるよ？」

「ああ。またな」

「うん」

　加奈子が目を閉じ、そして智沙が目を覚ました。智沙はひどく疲れた顔をしていた。

「智沙、大丈夫か？」

「うん……ちょっと心臓が痛いけどね」

　智沙は力なく笑ってみせた。

「ねえ亮ちゃん、次に雪ネエが来たら、あの曲聞かせてみて？」

　あの曲、と言われてピンと来た。頭の中にその曲のサビが流れた。カラオケに行くと智沙が必ず歌う曲。今かかっているCDの最後から二番目の曲だ。

「戻るかな」

「女の勘。やってみて。あ……、雪ネエが来る」

　智沙の意識があるうちにそっとキスをする。もしかしたらこれが最後になるんじゃないかなどと弱気になりながら。

　智沙が目を閉じるとすぐにユキが現れた。僕はすでに智沙の両手をしっかり確保していた。

「……放せ……放せ……！」

　必死に抵抗するユキ。せめてこの歌があなたに届きますように……そう祈りながら、僕はあの曲が流れるのを少しだけ待つ。

「ユキ、この曲、智沙が一番好きな曲なんだ。これ、とりあえず聞いてみて。その後でまだ俺らを殺したいならそうすればいい」

　部屋に流れたのは浜崎あゆみの『Who...』。深夜の暗い部屋に、静かにその曲は流れた。

ユキは何も言わずに青白く光るコンポを見つめていた。ユキの手から力が抜けていく。僕はユキの手首を握っていた手を放し、そっと指を絡ませ、そして手を握った。

僕は曲を聞きながら、これでダメならもう終わりだろうと半ば諦めていた。曲が終わってからしばらくして、ユキは僕の方を向いた。

「亮……」

智沙の、いや、ユキのその目は、少し前と同じように澄んでいた。

「雪ネエ。お帰り」

「うん。ごめんね。でも、一度ああなっちゃうと自分じゃ止められないの。あれが自分だって事はわかってるの。ごめんね。本当に……ごめんなさい。考えが変えられないの。自分でもどうしようもないの。でも今はちゃんとわかるから」

二月二三日

午前四時半、一時的にかもしれないが我に返った雪ネエ。どれくらい話ができるかはわからないが、今聞いておかなければいけないことがいくつかあった。

「ねえ、雪ネエ？　とりあえず二つのことを聞くよ。ひとつは、雪ネエの遺体は上がったのか、ってこと。もうひとつは、どうして健さんがいなくなったのか、ってこと」

「……わかんない。健がいない理由はわかんないよ。今まではサーフィンに行ってもちゃんと次の日には帰って来てた。でも今はいろんな場所に探しに行ったけど、いないの。わかんない。それと、私はちゃんと葬式も供養もしてもらってない。私は海が大好きだから、水の中にいても苦しいとか痛いとか感じないからわかんないのかもしれないけど……」

「まだ水の中にいる可能性もある、ってことか」

「うん……」

「辛い話、もう雪ネエの形は残ってないかもよ。水の中でも……。骨だけになってるかもしれない。で、俺らにはそれを見つけることはできないよ。でもね、その海に行って祈ることくらいはできる。それって供養にならないかなぁ」

「わかんない。どうすればいいかわかんないよぅ」

　雪ネエは泣きそうになった。しかし僕はあえて触れず、距離を保ったまま話を続ける。

僕はまだ警戒していた。

「智沙はさっき女の勘って言ったけど、男の勘でモノを言わせてもらうよ？　俺が思うに、健さんは雪ネエの遺体を捜しに行ったんじゃないかなぁ。思い出の海とかに」

「いるかなぁ。でも、私が行ったときはいなかったよ？　見えなかった……智沙にならみえるかなぁ」

「かもね。海の中で探してるか、もしくはもう見つけて、誰かにそれを訴えようとしてるか。だけど、まだきっとそこにいると思う。健さんが雪ネエを置いてくことは絶対ないから」

「うん……」

「そういえばさ、前に言ってたよね？　最後に覚えてるのは自分の名前を呼ぶ健さんの声だって。それって、引き上げられた後じゃないの？」

「わかんない。そう思ってただけかもしれない」

僕はそのとき、雪ネエが初めて僕の部屋に現れた日のことを思い出していた。あのとき僕と智沙はビデオを見ていたのだった。偶然か必然か、そのタイトルは『仄暗い水の底から』……。水の底から自分の存在を必死に訴えかけていた『みつこ』ちゃん。僕にはその姿が少しだけ雪ネエとダブった。まあ、雪ネエは部屋を水浸しにするようなことはないが。

「亮。私……海に行きたい。白浜の海に行きたいよ」

やっと話が進んだと思い、僕は雪ネエの髪を撫でた。

「……まかしとけ。何もできないかもしれないけど、祈ることしかできないけど、それでも、力になれるなら何でもする。俺でよければ体も貸すし、力も貸す」

「……ありがとう……」

そっと口づけを交わす。激しいキス……雪ネエのキスだ。心中、この流れはヤバイぞと思う間もなく。

「いじめちゃおっかなー」

途端に元気になった雪ネエに、僕は不覚にも襲われてしまう。だからお姉系の誘惑は困る。

その後、裸で抱き合っていると雪ネエは不意に智沙に戻った。僕はまた智沙に必死で謝る。出来心なんだ、なんてベタな言い訳はしないけれど。もう二度と雪ネエを抱かないよと約束する。以前もそう約束したはずだった。この約束を破ることはつまり、取り返しのつかないことになる可能性が高い。いろんな意味でだ。雪ネエに対しても智沙に対しても、だ。

現世への未練をなくそうとしているときに、違う形で未練が残ってしまっては困る。智沙からよく聞かされていたが、僕にもよくわかる。体の関係から心まで動かされる危険。僕が、ではなく、雪ネエが、だ。彼女の存在理由は今まで『健さんに会うこと』だったはず。しかし、自身でそれを否定してしまえば、成仏する理由すら失う危険がある。『僕と一緒にいたいと願ってしまうこと』が存在理由になれば、雪ネエは智沙を殺そうとするだろう。そしてそれが叶わないと知ったときは、僕をも殺して連れて行こうとするはず。

しかし、実際に雪ネエが望むのは、本当は『自分の遺体を見つけて、ちゃんと弔って欲しい』ではないのか？

だけど少しの猶予《ゆうよ》はできたと思う。雪ネエと健さんの思い出の海に行くこと。それが僕らの、あるいは雪ネエの、最後の償いと供養になるはずだ。もしそれでもダメだったら、無理矢理にでも除霊するしかない。でもお金がないから、そのまま殺されても仕方ないとさえ思える。心霊や除霊・浄霊関係のサイトをいくつか調べてみるも、興味本位で霊を助けてはいけないということしか書いてなかった。それを僕らは知らなかった。してはいけないことだとは、知らなかった。

一度首を突っ込んだなら最後まで責任を持って関わるべきだった。それこそ、命を賭《と》して。

まずは……いや、とりあえず。次の晴れの日に、伊豆へ行く。

＊＊＊＊＊＊＊

あたしは今日、実家に戻ることになっていた。亡くなった母方の祖父母の法事が明日に控えているからだ。実は家に帰るのも不安だった。亮が一人の場合はきっと何も起こらないだろう。亮には霊が見えないのだから。しかしあたしが一人のときはきっと違う。雪ねぇは何かアクションを起こしてくるはずだ。

実家に帰り夕飯を食べてから、携帯の充電器がない事に気が付いた。電池が切れてしまえば亮に連絡できなくなる。そのとき何かされたら……。怖くなったあたしは充電器を買いに行くことにした。近所のコンビニへ行ってみたがそこには売っていなかった。仕方なく遠くのコンビニへ行くことにする。店を出ると道路の反対側にとてつもなく不気味な顔をした雪ねぇが立っていた。不敵な笑みを浮かべている。今まで見てきた、微笑んでいた雪ねぇとは打って変わってものすごく怖い顔だ。一歩間違ったら殺されてしまうのではないかと思った。あたしは顔を合わせないように目を合わせないようにと下を向いて歩き出した。

そのときの雪ねぇは般若《はんにゃ》のような顔で、この世のものとは思えない不気味な表情だった。少し歩いてからふと気になって後ろを振り返ってみた。すると雪ねぇはあたしの方へすごい速さで走って来ていた。さっきの不敵な笑みのままで。

勝ち誇ったように笑いながら追いかけてくる。あたしは全速力で走って逃げた。雪ねぇの走る速さはあたしの想像とは全然違って、無茶苦茶速かった。追いつかれた！　と思った瞬間、雪ねぇの姿は消えていた。しかし少し離れた場所にまた現れては追いかけてきた。その繰り返しだった。怖くなったあたしはすぐさま亮に電話を掛けた。

「もしもし……亮ちゃん？　さっきコンビニに行こうとしたら雪ねぇが立ってた。それでね、あたしのこと追いかけてくるの。後ろから走って追いかけてくるの。凄い顔をしてた……昨日までと同じで、また凶変しちゃったみたい。あたし、やっぱもういいよ。もう死んでもいい……」

少し前の穏やかで優しい雪ねぇはどこかに消えてしまったのだろうか。振り返れば般若のような顔の雪ねぇが追いかけてくる。買い物をしているときも遠くから見ていたり、帰り道を後ろからついてきたり、追いかけてきたり……。一体何がしたいんだろう。あたしに何か言いたいのだろうか。

家に帰った後、不思議なことが何度も起こった。自分の意識があるはずなのに体が言うことをきかなくなったりするのだ。右手が勝手にカッターを持って自分に突き刺そうとしてきたり、お風呂に入っても勝手に足が滑ってころんで頭を激しく打ったりと……。意識はあるのに体を痛めつけられた。このままでは明日になる前に自分が駄目になってしまうような気がした。部屋に戻ったあたしは、仕方なく雪ねぇと少し話をしてみる事にした。

「雪ねぇ、どうしたの？　何があったの？　いつもの優しい顔はどこいったの？　不安とか悩みとかあるなら話して?」

「話しても叶わないからいい」

「いいから。話してみてよ」

「あのね……。私、亮が好きになっちゃったの」

「…………」

彼女が亮を好きになる。ということは亮のそばにいるあたしは雪ねぇにとって邪魔でしかない。

「亮が好きなの!」

好きという意味も、もう友達としてという意味ではない。それは恋愛感情だ。一人の女として亮のことを想い始めている。あたしが同じ女として、唯一わかるのはそこだった。でも、そしたらあたしはどうなるの? 魂はなくなって体だけが残るの? 体はあたしで魂は雪ねぇ……。

でもあたしの友人や家族や知り合いにはそれはあたしにしか見えないだろう。でも中身は違う。雪ねぇなのだ。

「智沙、智沙の体をちょうだい」

好きな人はどんな手を使っても手に入れたい、そう思う女は現世にもいるだろう。たとえ彼女がいても、結婚していても……。

「……ごめん。いくら雪ねぇの頼みでもそればっかりはできないよ。だから……」

　言い終わらないうちに雪ねぇは悲しそうな顔をして消えてしまった。

　あたしはすぐ亮に電話を掛けた。今あったこと、雪ねぇの気持ちを全て話した。でも亮にはいまいち雪ねぇの感情がわかっていないようだった。

「友達として、だろ？　色々してくれたから、優しくしてくれたから、だから友達としてとか、人として好きになったとか感謝してるって言いたいんじゃないの？」

「違うよ。そんなんじゃない。亮ちゃんは男だからきっと女の恋愛感情はわからないと思うけど、そういう意味で言ってるんじゃないんだよ」

「でもさぁ……」

　それは女にしてみれば一番怖い恨みだ。一番止めようがない感情のはずだ。

「智沙、わかったよ。でも雪ねぇはもういないんだよ、この世界には」

　そう、雪ねぇはもうこの世にはいない。でも、だからこそ怖いのだ。欲しいものは力ずくでも手に入れようとするだろう。そうなるとますますあたしの命が危うくなる。怖い。最初は諦めていたけど、あたしはやっぱり……まだ死にたくない。生きていたい。すると亮は、

「いいから落ち着いて。まず人がいる部屋に行って。一人になるなよ。そんで、メールでも電話

でもいいから、落ち着くまで、いや寝るまでメールしよう」

あたしはとりあえずリビングへ行った。家族の前では何事もなかったかのように振舞った。

雪ねぇはずっとあたしを睨んでいた。

そして皆が寝静まった頃、布団に入るとすぐ亮にメールを打った。

『怖い……。やだよぉ……』

『大丈夫だから。あんまり考え込むな』

『でも怖いよ。眠れない』

そんなメールのやりとりをしているうちに雪ねぇがあたしと入れ代わろうとしてきた。慌てて亮に電話を掛ける。

「もしもし亮ちゃん？　雪ねぇが入ろうとしてるよ……」

「ま、待って！　ダメだって強く思って！」

「思ってるよ……でもね、体が自由きかなくなってきた……眠い……」

「智沙！　ちょ、ちょっと……」

しばらくすると意識が戻った。

「……もしもし亮ちゃん？　雪ねぇ、何だって？」

　亮は雪ねぇと少し話をしたらしい。雪ねぇによると、一度図変してしまうとそういう思いに囚《とら》われてしまい、なかなか戻れないのだそうだ。

「大丈夫。ちゃんと言っといたから。今夜は安心して寝なよ」

「すごいね」

「まあね。じゃあ、おやすみ」

「おやすみ」

　そう言って電話を切った。その後も少しメールのやりとりをしたが、疲れていたせいか眠くなり、いつのまにかあたしは寝てしまっていた。目が覚めたのは約一時間後だった。眠ろうとしても、また一時間ほどで目が覚めた。その後は朝までその繰り返しだった。一時間寝ては目が覚め、また一時間寝ては目が覚めた。

　眠ろうとしても、近くに雪ねぇがいるんじゃないか、眠ったら何かされるんじゃないか……そんな不安がつきまとい、熟睡できなかった。夜を安心して眠れる日はいつになるのだろう。

二月二三日

あまり眠れず疲れも取れなかったが、少しは眠っていたらしい。いつもなら朝から枕元に立っていたり部屋のどこかしらにいるはずの雪ねぇがいなかったので、あたしは少し安心していた。

喪服に着替えて出かけようとしたとき、玄関を開けたところに雪ねぇが立っていた。昨夜と同じような怖い顔だった。

今日は部屋にいつも現れる祖父母の法事だった。お墓の前でお坊さんがお経を読んでいるとき、祖父母は笑ってお墓の横に立っていた。

法事の最中も雪ねぇはずっとあたしの近くに立っていた。朝は怖い顔をしていたのに、夕方になる頃には悲しそうな顔をしてこっちを見ていた。もしかしたら雪ねぇは自分もきちんと供養して欲しいと思って現れたのではないだろうか。もしかしたらまだ供養されてないのではないだろうか。本当はまだ遺体が上がっていないとか。あたしはそれを一日中考えていた。

実は最近は、他にも不安要素があった。亮にはきちんと話していなかったので電話で話すことにした。それは部屋にもう一人霊が増えたこと。昨日の雪ねぇの顔のような、般若のような顔をしている男の人だった。彼は怨霊《おんりょう》そのものだった。

ここ最近、ほとんど毎日その男の人は現れる。その人はあたしに向かってではなくどこか遠くを見ながらずっと「殺してやる」と言い続けている。誰に言っているのかはわからないが、獲物《えもの》を見つけたら逃がさないぞ、と言っているような感じだった。毎晩毎晩、あたしの部屋や、さらには夢にまでその人は現れた。見た感じはまだ若い人だ。しかし体中あざや切り傷《きず》、擦《す》り傷だらけで痛々しい。

殺してやると言っている分には一向に構わないのだが、部屋や夢の中にまで現れるとなるとかなり迷惑だ。正直もう我慢の限界にきている。怒りの限界ではなくて、恐怖の限界だ。もう耐えられない。怖い。怖い。怖い。緊張の糸が切れてしまいそうだ。恐怖で押しつぶされそうだ。

亮には見えない霊達がそうやってあたしに襲い掛《か》かってきている。霊にしてみればあたしに何か訴えれば助けてもらえるとでも思っているのかもしれない。とはいえ、解決するにしても一つずつだ。まずは雪ねぇ。きっと何かもやもやしたものがあって今は凶変しているに違いない。一刻も早く伊豆に行きたい。何か見つかるかもしれないし、何か変わるかもしれない。少しでもいいから、いい方向に変わってほしいと思う。

＊＊＊＊＊＊＊＊＊

二月二四日

雨の月曜日。日にちの都合上、伊豆へは今日行くつもりだったのだが……雨では仕方ない。片道で約六時間は見ておいたほうがいいだろう。行くべき場所としては、二人の思い出の海、健さんが勤めていたというサーフショップ、そして健さんのお墓参りだ。余裕があれば二人がかつて住んでいたアパートも見に行きたい。もう取り壊されているかもしれない。それでも雪ネエが思い出に触れることで何かが良い方向へ変わるなら、その可能性があるなら、どんなことでも迷わず実行に移すべきだ。今はもう躊躇《ちゅうちょ》している場合じゃない。

この日僕の頭の中で、ある曲がずっと流れ続けていた。智沙が好きなミスチルの歌だった。

とにかく明日は晴らしい。出発は明日だ。明日で全てが終わるはず。もう怖い思いもせずに済むはず。ゆっくりと、眠れるはず。

二月二五日

渋滞する車をすり抜けながら、バイクで国道一三五号をひた走る。白浜海岸に着いたのは部屋を出てから約六時間後のことだった。いくつかの温泉街を抜け、何度も休憩《きゅうけい》を取りながら、僕達は二人の思い出のその海に辿《たど》り着いた。

近くのコンビニにバイクを止め、飲み物と肉まんを買ってから僕らは白浜の海岸に下りて行った。

とりあえず携帯のカメラで海を撮っておく。もうサーフィンをしている地元の若者も数人見受けられる。僕が海を見て感動していると、智沙はてくてくと一人で歩いていってしまった。

＊＊＊＊＊＊＊＊＊

亮は携帯で写真を撮っている。あたしは少し離れた所に一人のサーファーが立っていることに気付いた。健さんだった。

ゆっくり歩いていって健さんに話しかけた。

「ずっとここにいたんですか？」

「わざわざお疲れさん。形として残っているかもしれない雪を捜しに来てたんだよ。きっと雪が捜しに来たとき俺は海の中だったのかもしれないな」

健さんは笑って話してくれた。

「……じゃあどうして健さんも部屋に来たときは怖い顔してるんですか？」

「もともとこういう顔なんだよ。よく友達にもなんで怒ってんのって言われるけど、これが普通だから」

しばらくすると亮が走ってきた。そのまま進むと健さんにぶつかりそうだ。

「そこに健さんが立ってるよ」

そう言って健さんがいる場所を指差すと、亮は驚いて立ち止まった。不思議そうな顔で健さんを見ているが、きっと何も見えてないのだろう。とりあえずいま健さんと話したことを説明した。

飲み干したココアのペットボトルを洗い、砂を入れ、貝殻を入れ、海水を入れて、小さな白浜を作ることにした。あたしはわざわざジーパンとブーツを濡らしてまで海水を汲みに行った。するとと今度はそこから足が動かなくなってしまった。むしろ中に入って行きそうになる。勝手に足が動いてしまう。必死で亮に訴えようとするがなかなか気付いてもらえなかった。遊んでいるように見えたのだろうか。

膝のあたりまで浸かったとき、やっと亮が異変に気付いてくれたようだった。腕を引っ張ってもらい、なんとか海から出ることができた。

「何やってんだよ!」

「違うの。足が動かなかったの。昨日の怖い男の人に『怖くないよ』って言われて連れて行かれそうになってたの……」

そう、昨日まで見えていたあの般若のような顔の男があたしを海へと引きずり込もうとしていたのだ。

＊＊＊＊＊＊＊＊

僕は健さんか雪ネエが智沙を連れて行こうとしているのかと思っていた。智沙に説明されて、また厄介な奴が増えたなあと呆れた。

その後も海へふらふらと歩き出す智沙。どうにかそれを止め、海辺でイチャイチャしていたらしい雪ネエと健さんを残し、僕らはとりあえず次の場所へ向かうことにした。


伊豆での目的は三つ。一つ目は先ほど果たした。二人の思い出の海を見ることだ。二つ目は健さんの墓参りに行くこと、そして最後は雪ネエを供養することだ。三つ目については地元で何がしたいか、本人に聞いてみないことには始まらない。とりあえずは健さんの墓を探すため、近くの町まで戻ることにする。途中で雪ネエが智沙の中に帰ってきたので（最早《もはや》雪ネエは常に智沙の中で自分の登場を待っている状態だ）代わってもらう。移動手段はバイク。少し寒いけど、何処へでも行けるだろう。

「どこへ行けばいい？　雪ネエ」

「稲取《いなとり》に行って。二人でよく行ったんだ」

そしてその思い出の町稲取へ向かう途中の午後六時。伊豆稲取駅前にある、健さんがよく行っていたというパチンコ屋の前。

「このパチンコ屋はね、健がよく来てたんだ。サーフィンに行くって言って部屋を出るんだけど、友達がパチンコで健を見たって教えてくれるの。健はそのたびにごめんなさーいって謝るの」

そのパチンコ屋の前に差し掛かったところで雪ネエがそんな昔話をしてくれた。その直後、僕らは事故に遭った。バイクとトラックの接触事故だ。僕らの前を走っていたトラックが急に停車し、止まっていた僕らのバイクに気付かずにバックで突っ込んできた形だ。怪我はなかったものの、僕のバイクが負傷してしまった。ちなみに僕のバイクは健さんが生前に乗っていたのと同じCB400Fだった。これは何かの警告か？

とりあえずバイクを地元の（チンケな）バイク屋に預けた。軽いパンクを起こしたタイヤを直してもらうことになったのだが、今日中には終わらないという。そして今日はこれ以上動けないということで、トラックの運転手が勤めていた運送会社の所長に宿泊先を手配してもらった。宿泊先はなぜか稲取から少し離れた下田のビジネスホテルだった。宿泊代は浮いたものの、そのホテルもまたチンケなものだった。同じ値段を出すのならラブホテルの方がよっぽどいい設備が整っているだろう。まあ贅沢は言わないようにしよう。

伊豆半島南部の町、下田。そこは函館とともに日本最初の開港場であり、ペリーが訪れたことで有名である。しかし夜十時を回ったその町はすでに活気もなく、なぜか野良猫が多く、不思議な空気に包まれていた。実際、部屋では高校生くらいの少年の霊がずっと立っていたらしい。何もされなかったが、まあ、そのときの僕らには智沙も雪ネエも健さんもポチもついていたから安全だったはずだ。ついていたのか憑かれていたのかと言われればきっと後者だ。そのせいで妙に疲れた気がした。

ホテルの部屋では健さんを智沙に憑依させて話をした。彼がずっと海にいるのは、やはり『行方不明』のままの雪ネエを探すためだという。自分にはちゃんと墓もあるのに、彼女には何もない。雪ネエが死んで次の年に渡米し、それからずっと一人で生きていた健さん。その生き方も考え方も話の内容も、僕よりずっと大人だと思った。

二月二六日

昨夜、雪ネエ自身にどうしたいのか、どうすればよいのかを尋ねた。

「特に何も望んでないよ、もう満足だよ」

「待ってよ。それならどうして智沙の体の中に残るの？　それってやっぱ何かをまだ思ってるからじゃないの？」

「そうなのかなぁ。自分でもわかんない、ごめんね」

埒があかない。とりあえずは思い出の場所へ行くことに決め、その時は眠りについた。

そして今日は午前八時から雪ネエのためにバイクを走らせた。僕は伊豆中を走るくらいの覚悟を決めていた。

「……特に食べたいものとか行きたい場所とかもないしなぁ……。しいて言うなら足湯したいくらいかな。前に健とよく行ったんだー」

決定だ。まずはかつて二人がよく来ていた町、稲取へ行くことにした。稲取は昨日僕らが事故に遭ったせいで、駅前まで来ていながら回れなかった町だ。そしてその思い出の町を歩き、足湯があるお店を探す。あいにく、そこが開くのは正午からだという。ここで何時間も潰すくらいなら他の場所へ行ったほうがいいかもしれない。その間に稲取の海を見に行くも、雪ネエは悲しそうな顔をするだけだった。

「なんだか汚れちゃったなぁ……海が。それで海が汚れるのもサーファーのせいにされて、サーファーが悪者扱いされるんだよ。絶対違うのに……マナー悪い人が多いんだよね……」

少し海を眺めてから、次の目的のために移動した。健さんの墓参りだ。

本人から聞いていた通り、海の見える小高い丘にある集合墓地だった。いい場所だと思った。健さんのお墓に、白浜の海水を少しだけ添えておく。

「安らかに眠ってくれますように……」

手を合わせてそう呟くも本人は至って元気で、眠るどころか毎日サーフィンを続けている。それが彼なりの安らかな眠りになるのだろうか。墓参りをされる本人と昨夜話をした……というのも少しおかしな状況かもしれない。それでも、最近続いているこの霊現象のせいで僕はこんなことに慣れてしまった自分を少しだけ逞《たくま》しくなったと思った。

「……さて。墓参りも済んだし、どうしよっか？　雪ネエに聞いてみる？」

「うーん。帰る時間も考えなきゃダメだし、とりあえず帰り道を走りながら、他の温泉街も行ってみようよ。足湯なら他の場所にもあるかもしんないよ？」

「そうだな……そうするか」

　バイクを飛ばし、一三五号を北へ進む。稲取、河津、熱川、そして昼前に着いた伊豆高原。駅前に足湯があったので智沙と入ることにする。初めての足湯だったがなかなか気持ちいいものだ。途中で智沙が雪ネエと入れ代わった。

「……あら、亮。おはよう……ここどこ？」

「伊豆高原だよ」

「足湯だー」

「ああ。どうよ？」

「……うん。ありがとう。嬉しいよ！」

　雪ネエは足湯を楽しんでくれていたようだった。僕はここでこの旅が終わりになるだろうと単純に思っていた。しかし。

「海の見えるところの足湯に入りたいなぁ」

「えー？　うん……わかった。探すよ」

「ほんとに？　探してくれる？」

「ああ。じゃあ智沙に代わって？」

「でも、もしなかったら？」

「探すから」

「なかったらどうすんの？」

「わかんねぇよ。とりあえずバイクで走っていろんな街行って探してみるから」

「……うー」

「何？　このまま行く？」

「いいもん。一人で探すもん。前に健と行ったことがあるもん、海の見える足湯があるところ」

「十年前だろ？　今もあるかはわかんないじゃん」

「探すの！　一人で行く！　亮はついてこないで！」

　僕は何か悪いことを言ったのだろうか？　雪ネエはなぜか勝手に怒って歩いて行ってしまった。伊豆高原の中を探すというのか？　馬鹿な。海なんか見えないじゃないか。

　僕はしばし呆然とその背中を見ていたが、雪ネエは一向に帰っては来なかった。仕方ない、探しに行こうか。そう思って雪ネエを探し始めるも……いない。

　どこへ行ったんだろうと途方にくれていたところ、智沙からの着信が。

「もしもし？」

「……亮？」

「雪ネエ。何処にいるの？　智沙を返せよ」

「やーだ。帰らないの。一人で行くの」

「一人で行くのは勝手だけど！　智沙は返せよ！」

「やなの！　返さない！」

「いま何処にいるの？　とりあえず駅まで戻ってこいよ！」

「やだ！　坂上りたくないの！　ほっといて！」

……怒っているくせに嬉しそうに話す雪ネエの声を聞き、仕方なく僕はバイクを走らせて坂を下って行った。坂の途中にある茶屋に、まるで普通の観光客のように雪ネエは座っていた。

「乗れよ」

「やーだよー」

「乗れっ！」

自分でも情けないなぁと思いながらも、思い切りスロットルを回す。タコメーターはレッドゾーンに達する。こんなに回したのは初めてかもしれない。自分でも驚いた。僕は自分のその驚きを隠すように怒ってみせた。近くにいた観光客らしいカップルはチラチラとこちらを見ながら早足で歩いて行った。

「乗らないもーん。ねえ、亮。この店、お団子あるんだって。食べたいなぁー」

まったく悪びれた様子もなく、雪ネエは店の看板を指差す。智沙の財布を使おうとしないのがとても可愛く思えた。仕方なく団子を注文し、一緒に食べることにする。智沙がこれを知ったらまた食べたいと言いだして僕を困らせるだろう……そんなことを考えながら。

　そしてその後、また駅前での口論の続きを始めた。

「だから探しに行くから、バイク乗れよ。海の見える足湯だろ」

「いいの。一人で行くの。帰っていいよ、亮」

「わかったから。帰るよ、後で。でも智沙と一緒に帰んの」

「……もういらない」

「何が！」

「亮にはわかんないよ。生きてる人にはわかんない。今自分がどうしたいのか、どうすればいいのかもわかんないもん。ただね。幸せになりたいだけなんだ。でも私は幸せにはなれないもん。じゃあどうすればいい？」

「幸せじゃん。愛する人といられることは。健さんはあの海で今も待ってるはずだよ」

「幸せってさ。何かを食べたときとか、好きな人と一緒にいることとか、お風呂に入ったときとか、お金を持ってることもそうかもしれない。でもね、みんなわかってないのよ。私達みたいになるとね、こう思っちゃうの」

「……何て？」

雪ネエはうつむいたまま悲しそうに呟いた。

「人はね、生きてるだけで幸せなんだよ」

＊＊＊＊＊＊＊

あたしは真っ暗な場所にいた。気付くと雪ねぇもそこにいた。でもすぐに見えなくなってしまった。外で雪ねぇがあたしに切り代わるやいなや、いきなりあたしの心臓が締め付けられた。何もされていないはずなのに心臓がキリキリと痛んだ。それも今までより遥かに強い力で。怨念というものが込められているのがわかった。

「智沙？　私は幸せになれないの。だからもうみんないらないの。みんな殺すの！」

暗闇の中で雪ねぇはあたしを苦しめ続けた。声だけが響いていた。

息が止まりそうなほど苦しい中、雪ねぇが再び現れた。そして怖いくらいに優しい顔であたしに言った。

「生きていられて良かったね？　でももう終わりだよ？　私たちと一緒に暮らそうね」

一緒に、暮らす？　それは単純に……死ぬってこと？　そんなの、イヤ！　まだ死にたくない！　諦められない夢や、亮との生活や、これからの人生……。まだ始まったばかりなのに何もかも捨てることなんてできない。そんな勇気はないし、人に奪われるのなんて絶対にイヤ！

「雪ねぇ、お願い、もうやめて！　苦しいよ……」

暗闇の中、手探りで雪ねぇを探した。今諦めたら雪ねぇの思い通りになってしまう。あたしは本当に殺されてしまう。そしたら雪ねぇはきっと亮にも何か危害を加えるだろう。それはあたしにとって一番避けたいことだった。

「雪ねぇ……何か他に悩みがあるんでしょ？　言って、何でも手伝うよ！　ふっきれないことかまだあるんじゃないの？」

「もう、何もない。私には何も残ってない。だからもう何もいらないの！」

心臓を締め付ける力はますます強くなっていく。

「痛いよ……。死んじゃう……！　まだ死にたくない……。いやぁ……！　雪ねぇ……。健さんもきっとそんな雪ねぇ見たくないはずだよ！」

するると今まで心臓を締め付けていた力がふっと抜けた。そしてあたしは意識が戻った。目の前にはいつものように心配そうに覗き込む亮がいた。

「智沙、大丈夫？」

「うん……多分……」

「今からどうする？　もう一回稲取に戻ってみる？」

「ううん。帰ろう。もういいよ。帰ろう」

早く帰りたかった。伊豆にいるのが怖かった。ここにいたら、このまま雪ねぇの思い出の場所にいたら、また雪ねぇは何か思い出してそのやりきれない思いをぶつけてくるだろう。

結局あたし達は足湯を探すのはここでやめて東京に帰ることにした。もう雪ねぇには何を言っても無駄なのかもしれない。そうなると今度は……。他に残された選択肢《せんたくし》は……。本格的な除霊、それしか残ってないように思えた。そう思うと何だか少し悲しくなった。

＊＊＊＊＊＊＊

バイクでまた数時間。走りながらこの旅を思い返してみた。意味があったのだと思いたいが、雪ネエにとっては無意味だったのだろうか。正直、せっかくできた雪ネエという大切な友達を失いたくはなかったけれど、彼女の良心やその可愛いところも、もう悪霊『ユキ』の一部でしかないのだろうか。

こうして僕と智沙は、雪ネエの除霊を本気で実行に移すことにした。

二月二八日

智沙の知人に、霊能力を持った人物がいるらしい。名前は久留実さん。彼女はかつて、今の智沙の状況と同じように霊に取り憑かれた人からその霊を浄霊したこともあり、確実にそれを実行できるらしい。ただし彼女は長崎に住んでいる。しかし下手な霊能者や寺に頼んで高額な請求をされるくらいなら交通費だけで行ける久留美さんに頼んだほうがいいだろう。

そんな結論に達し、昨日、青春18きっぷを買ってきた。片道分の飛行機代があれば二枚の青春18きっぷが買える。

ところで、浄霊と除霊の違いというものを最近になって僕は初めて知った。除霊は一時的に霊を体から追い出す作業であり、しばらくすると再び戻ってくる可能性がある。一方、浄霊とは霊を天国に送ってあげることで、それが成功すればもう取り憑かれることはなくなるということらしい。

三月一日

鈍行に揺られ続け、東京から長崎へ行く。まず横浜まで出てから東海道線に乗り換える。熱海、静岡、浜松、豊橋、名古屋、岐阜、米原……乗り換えを繰り返しながらひたすらに西を目指す。さらに京都、大津、大阪、神戸、岡山。とりあえず今日は岡山まで行き、そこで宿を探すことにする。ムーンライトなんとかという夜行電車が走っていれば一日で九州まで行けるのになぁ、などと愚痴をこぼした。

途中で雪ネエが現れたときは『九州へ旅行に行くんだよ』と言って誤魔化した。あなたを浄霊しに行くんですよ、なんて言ってしまったら再び悪霊化して智沙を苦しめるかもしれない。しかし今日はなぜか、何度も加奈子が現れた。

加奈子は先月始めに自殺した、僕らのメル友だ。十七で子供を産み、享年二一歳。ときどき部屋に現れては智沙の体を借りて旦那と子供に電話をすることがあるが、自分が死んでいることやユキのように僕らに迷惑をかけてはいけないことはちゃんと心得ている。もっとも、自殺者である加奈子はその恨みや後悔や憤《いきどお》りは全て自分に向けるしかないわけで、誰を恨んでいいかもわからず、当り散らすだけの事故死だった雪ネエとは違うから当然……なのかもしれない。ともかく、岡山駅に降りた時点で智沙の体は加奈子が使っていた。

「加奈子？　智沙に代わってよ」

「やーだ」

「最近調子に乗ってるなぁ……まあいい。泊まるところ探さなきゃな」

「うん。おっきい駅だから、近くにあると思うよ？　ホテルでも」

「下手なビジネスホテルに泊まるよりはラブホの方が安いよな」

「うん。探すよー。まかして」

「どこにあるかなぁ」

「まずはコンビニとかで地図見たりー、電話帳で探したりー、色々あるんだよ」

「ラブホって電話帳に載ってんの？」

「載ってるよ。任せてよ」

「はーい。任せます」

「たまには頼ってよ。伊達《だて》に人妻してないよ」

「なんだそれ」

「きゃー。人妻と浮気ー。不倫ー。いけないんだー」

「はいはい。うるせぇな……」

　実は僕も智沙も加奈子には会ったことがなく、ずっとメールや電話で話をしていたのだけれど、本人が言うその外見はギャルそのものらしい。智沙には見えているはずだが、後で聞いた話ではやはりギャルらしい。僕の苦手なタイプだ。多分、実際に会っていたら僕は引いていただろう。僕にはギャルは怖いという変な先入観があった。それはまぁよいとして、加奈子に安そうなラブホテルを探してもらい、今夜はそこに泊まることにする。

その夜は雪ネエは出てこなかった。もしかして、智沙の中でこの旅行の目的を知ってしまったのだろうか。さて、明日はやっと長崎だ。雪ネエと別れるのは正直辛いものがあるけれど、仕方ないことだと思うようにする。もともとは絶対に出逢うことができなかった僕らだ。

おそらくはもう二度と会えなくなるだろう、それでも命には代えられない。死人のために僕らの人生の全てを捧げるのは何の意味もない。それに、浄霊することが雪ネエが安らかに眠ることそのものであるはずだ。

明日で全てが終わる、はず。

三月二日

昨日から電車に乗っていた時間を全て合わせると約二三時間。東京から鈍行で二三時間だ。午後六時でもまだ明るいその街並みは、かつて修学旅行で見たそれと変わりなかった。

長崎……！

チンチン電車に乗り、市内を走る。スーパーで浄霊に使う粗塩《あらじお》を購入《こうにゅう》し、オランダ坂を上っていく。そこで智沙の友人、久留実さんと面会した。

(ヤンキーだ！)

あまりつやのない茶髪、タバコの吸いすぎのせいか張りのない肌、一重で切れ長の怖い目。正直、ヤンキーかと思った。しかしその圧倒的な存在感は霊力によるものだろうか、見てくれだけではない何かを持っている気がした。人を外見で判断するつもりはないけれど、打ち解けるには時間がかかるだろうなぁ、と内心びくびくしながら僕らは久留実さんの部屋へと案内された。案の定、足の踏み場もないほど散らかった部屋だった。

「さて……じゃあさっそくやりますかー」

自己紹介もそこそこに、即浄霊を始めるらしい。

僕らが用意した荒塩を使い、まず結界《けっかい》を作り始めた。これは雪ネエを部屋から出さないようにするための結界らしい。久留美さんの表情が変わった。そして数珠を手に何かを唱え始め、さらに人差し指と中指で作った手刀で空を切り、お経を詠む。

　ある程度お経が進むと智沙は意識を失った。久留実さんは当たり前のように「来るよー」と呟く。それからすぐに智沙がうんうんと唸り始めた。寝転がり目を閉じたまま、苦しそうに肩で大きく息をしている。雪ネエだ。

「はーい、やっと出てきたねー。ほぅら、苦しいでしょ？　上へ行きなー？　上に行けば楽になれるよー」

「……いや……苦しい……」

「嫌ぁ？　どうして嫌なの！　苦しいんでしょ！」

「苦しい……苦しい……」

「亮や智沙を傷つけたいの？　どうして上へ行かんの！」

「ちがう……ごめん……でも……」

　苦しむ雪ネエを見ていて、僕は少し悲しくなった。あれほど強気だった雪ネエが……いや、ユキが、今はとても小さくなって苦しんでいる。助けたい……そう思うことは間違いだとわかっているから、僕は何もできなかった。ただ手を合わせて見ていることだけしかできなかった。そんな僕を尻目に、久留実さんはさらに激しく続ける。

「ほら！　さっさと出てきな！　自分のことはわかってるんでしょ！」

「わかってる……ごめん……」

「出てくね！」

「はい……」

「ちゃんと上行くんだよ！　もう他の人に入ったりしちゃダメよ！」

「はい……」

　これは全て僕らのために行う正しいことであるはずなのに、間違っているんじゃないかとさえ思った。ここでの正しさとは、現世に生きる僕らのエゴなのかもしれない。僕は雪ネエが可哀想に思えて仕方がなかった。だけどここで手を出したら、もう智沙は帰って来れないかもしれない。調子に乗った悪霊のユキは確実に僕らを殺しに来るだろう。悲しいけど、手を出しちゃいけない……。

「もう来ないね！」

「はい……」

　久留実さんは智沙の、つまり雪ネエの背中をペシペシと叩きながらボソッと呟いた。

「……今度来たら潰すよ」

　そして手刀で再び空を切り（後で聞いた話だがこれは九呪《くじゅ》といって魔除けの一種らしい）、

最後に強く雪ネエの背を叩いた（これは気を入れる作業らしい）。雪ネエはぐったりとして意識を失った。僕は何も言えないまま、智沙が目を覚ますのを待った。

＊＊＊＊＊＊＊

浄霊の儀式が始まってすぐ、あたしはいつものように暗闇に放り出された。するとそこにはうずくまって泣いている雪ねぇがいた。

「……雪ねぇ？」

「……智沙……、もう会えなくなっちゃうのかな。私、やっぱり智沙にも亮にも邪魔だったの？だからここから追い出そうとするの？」

「違うよ！　そんなんじゃない！　あたしだって雪ねぇと一緒にいたいよ！　でも……」

言い終わらないうちに聞き覚えのある声が聞こえてきた。久留美の声だ。

『はーい、やっと出てきたねー。ほぅら、苦しいでしょ？　上に行きなー？　上に行けば楽になれるよー』

「うん……いや……苦しい……」

『嫌ぁ？　どうして嫌なの！　苦しいんでしょ！』

「苦しい……苦しい……」

雪ねぇはその場にうずくまったままぐったりしている。

『亮や智沙を傷つけたいの？　どうして上へ行かんの！』

「違う……ごめん……」

その言葉を聞いて胸が締め付けられるように苦しくなった。ごめん……それはあたしが雪ねぇに言わなくちゃいけない言葉だった。いっぱい助けてもらったのに、今あたしがしていることは彼女を苦しめることだ……。

そして再び久留実が雪ねぇに話しかける。

『ほら！　さっさと出てきな！　自分のことはわかってるんでしょ？』

「わかってる……ごめん……」

こらえきれなくなったあたしは、

「雪ねぇ！　行っちゃだめ！　ここにいて！　お願い！」

この期に及んでこんな台詞《せりふ》を言っちゃいけないことはわかっていた。でも、雪ねぇにはいなくなってほしくない。ずっと近くにいてほしい。だけど、苦しんでいる雪ねぇを見ていても、あたしはどうすることもできない。ただ必死で声をかけることしかできなかった。

『出てくね？』

「……はい……」

『ちゃんと上行くんだよ！　もう他の人に入ったりしちゃダメよ！』

「……はい……」

悲しそうな顔をして、雪ねぇは弱々しく返事をした。行かないで……！　お願いだからそばにいて……。

そのとき、あたしは雪ねぇがとても小さく感じた。

そして久留実に言われた通り、雪ねぇはどんどん遠くに行ってしまった。

「待って！　待ってよ！　雪ねぇ！　やだよ！　行っちゃやだよ！」

「智沙……ごめんね。しっかり幸せつかんでね。あたしの分もね。亮にもよろしく言っといて。

ばいばい」

「雪ねぇ……」

…………。

「お疲れ！　終わったよ」

久留実の声で意識が戻った。妙に肩が軽くなっていることに気付いた。

「軽い！　肩が超軽い！」

あたしは今見たことを言えなくて、この場で『やっぱり雪ねぇと一緒にいたい』なんてことは言えなくて、必死で明るい顔をして元気に振舞ってみせた。もう悩みなど何もないような笑顔を作った。

でも本当は声を上げて泣きたかった。雪ねぇがいなくなった悲しみ。それは後悔だった。今まではー緒にいることも雪ねぇが見えることも当たり前だったのに、もう二度と会えないと思ったときあたしは自分がしたことをとてつもなく後悔した。

「智沙、お疲れさん。落ちたよ。でも、まだこの部屋にいるんだよね。今からソレを上へ上げまーす」

久留実は淡々と儀式を続けた。あたしの後ろにいた、少し色の薄い雪ねぇはあたしをじっと見つめていた。とても悲しそうな顔だった。『お別れだね……』そう言っているように見えて仕方がなかった。

最後にお経を詠んで浄霊の儀式は終わった。しばらく部屋は静かだった。あたしは何も言うことができなかった。

その日は久留実の家に泊めてもらった。さっきのことが頭から離れなくて震えが止まらなかった。悲しくて、悲しくて……。でもなぜか涙は出なかった。

雪ねぇはあたしの過去を全て知っていた。それなのに雪ねぇはずっとそばにいてくれた。誰もわかってくれない、認めてもらえるとも思っていなかった自分の人生をずっと見てきてくれた。それなのにあたしは……！　雪ねぇを自分から突き放した！　最低だ……！

でも、こうするしかなかった。他に方法はなかった。

その夜、ちゃんと眠ったはずなのに体は全く休まっていなかった。

三月三日

まだ薄暗く、小雨降る長崎の朝の街並み。あたしには、それがやけに暗く見えた。雨の降る夜明け前、それはまるで今のあたしの心そのものだ。街は明るくなってやがて朝を迎えるけれど、あたしには明るい朝は来るのだろうか。

その街を歩いていてもどこかに雪ねぇがいるのではないかと思い、あたしは雪ねぇをずっと探していた。見つけてもらいたくてどこかに隠れているんじゃないの？　そんなことしなくてもいいから出てきて……。そう思いながら駅までの道をのろのろと歩いた。

午前六時、朝一番で電車に乗り込む。目指すは大阪だ。

途中、広島は宮島に立ち寄った。青春18きっぷは宮島航路にも乗ることができるらしい。

フェリーに乗り、厳島《いつくしま》神社へ。雪ねぇは普段街中で一緒なのだから、こういう観光地に来ても一緒だろうな、そう思いながら船に乗った。フェリーを降りると沢山の鹿に迎えられた。鹿はあたしの持っていたお菓子に食いつこうとした。観光地の鹿はお菓子などをもらっているのだろうか。さすがに目ざとい。少しお菓子の袋の音がしただけで走って近づいてきた。しまいにはあたしの後ろに鹿の長い列ができていた。ふと目をやると、ポチが鹿に追いかけられていた。鹿には霊が見えるのだろうか。ねえ鹿さん、ポチと加奈子以外に、誰か見える？

そして厳島神社の前に建つ、大きな鳥居の元まで歩いてきた。このときは干潮だったので鳥居に触れることもできた。地面にはお金が落ちていた。お賽銭《さいせん》のつもりだろうか。

……雪ねぇにも見せたかった。一緒に来たかった。何を見てもそう思った。あんなことしなければよかったと後悔して振り返ってしまうばかりだった。必死で笑った。そうしたらきっと雪ねぇもどこかで見ていてくれてまた近くに来てくれるのではないかと思った。あたしが悲しい顔をしていてもきっと雪ねぇは帰って来ない。あたしは笑っていないと。微笑んでいないと。悲しくても、辛くても、いつでも。雪ねぇがそうしていたように、いつでも笑っていないと……。

そう思っても、涙をこらえるのが精一杯だった。

そういえば船に乗る前、あたしは電車の中で少し眠ってしまっていた。そのとき、雪ねぇが夢に出てきた気がした。亮に起こされる直前、『ありがとう』と、彼女は一言だけ呟いた。

少しだけ観光をして、名物のもみじ饅頭と大好物の焼き牡蠣《がき》を食べた。それから島の中を少し歩いたりした。どこにも雪ねぇはいなかった。

夜の十一時頃、今日の目的地大阪に到着。新宿よりはるかに多いネオンの街に迎えられた。ひさびさの大阪を、昔を思い出しながら歩き始めた。街並みはさほど違ってはいなかったが、夜だったので知っている店はみんな閉まっていて地理感がつかめず大変だった。亮が大阪を珍しがっていたので少し道頓堀を歩き、そしてその日は安めのラブホテルに泊まることにした。

＊＊＊＊＊＊＊＊＊＊

三月四日

昨夜、ホテルではなぜか加奈子が智沙に憑依した。雪ネエがいなくなったので智沙の体を自由に使えるとでも思っているのだろうか。そしてこの夜僕が抱いたのは、智沙だと名乗った加奈子だった。それに気付いたのは事が終わってからなのだが、エッチの感覚が違うことはわかっていた。なんというか、妙にあそこが冷たいのだ。僕は一瞬、智沙の体が死んでいるのかと思ってしまった。それは加奈子が憑依していたからなのか、それとも智沙の体に異変が起きていたからなのだろうか……。

しかし、久しぶりにゆっくり眠れた気がした。風呂に入り、今までの疲れと汚れを落とす。また明日から頑張らなきゃなぁと思いつつ、心の中でどこか頼りにしていた雪ネエにはもう会えないという寂しさが込み上げてきた。気がつくと僕の中で雪ネエは、凄く大きな存在になっていた。大好きな友達として、色々な話をしたいと思った。また雪ネエに会いたいと思った。

寄り道をしながら今日も鈍行列車に揺られ続けた。部屋に着いた頃には五日の午前零時を少し回っていた。電車の中でももう雪ネエが出てくることはなく、智沙もその存在を感じることもなくなってしまったと言っていた。

たった四日ぶりの部屋なのに、やけに懐かしく感じた。

「ただいま」

「おかえりー」

「おかえり」

「ただいまっ」

僕らは軽くキスをした。

「やっと終わったね」

「……うん」

「正直、少し寂しいけど……」

「うん。でも、仕方ないよ」

たぶん智沙も雪ネエに会えないということで寂しい部分もあったのだろう。

頼れるお姉さん。ずっと前からの友達。大好きで大切な親友。そんな感じで僕らは雪ネエのことが大好きだった。本当に、好きだった。

ほんの二週間ほどの間に、実にいろんなことがあった。ある意味で充実した日々だった。

突然の出会い、興味本位での付き合い、淡い恋心、思い出の調査に人探し、命の危機、伊豆への墓参り、長崎への旅路……。

結局は何もしてあげられず、苦しめて浄霊した結果となってしまったけれど。少しだけ寂しいけれど。どうか天国で、安らかに……眠ってください。その可愛い笑顔のままでいてください。わがままはずっと愛してくれる健さんに言うようにして僕には言わないで下さい。二人でいれば、きっとそっちでも幸せになれるだろうから。そして……。

さよなら、雪ネエ。

その夜、久しぶりに落ち着いて眠ろうとしていたところで智沙が突然憑依状態になりかけ、呟いた。

「ヤバイ……誰か来るよ」

何の心構えもなかった僕は、一瞬でいろんなことを考えてしまった。誰だ？　ポチか、加奈子か、ばあちゃんか、それとも知らない霊か、はたまた彷徨《さまよ》う悪霊か？　誰でもいいけど、いい加減にしてくれ！

「智沙、誰が来るかわかる？」

「わかんない……でも強い……」

「ちょ、ちょっと待て！　我慢してよ！」

智沙はいきなり気を失ってしまった。起きている状態から無理矢理意識を入れ代えるなんて、そんなことはそこらへんの霊にできることではない。まさか、また手に負えないレベルの悪霊が……？

ドキドキしながら僕は身構えた。しばらくすると、智沙はゆっくりと目を開けた。

「だ、誰……ですか？　せめて名前くらいは名乗って……くださいよ」

その人はしばし無表情のままで僕を見つめていたが、やがて微笑んだ。

「やーだ。もう忘れちゃったの？　少し前まで心揺れてたくせに」

「……？」

「わからない？　亮」

「ま、まさか……」

僕がその名を口にするより早く、彼女は僕に激しいキスをしてきた。痛いくらいに激しいその感触は、まさか。いや、しかし、その人以外考えられない。

「ゆ、雪ネエ！」

「ただいまー。またお世話になるから、よろしくねー」

まったく悪びれた様子もなく、雪ネエはまた小悪魔の微笑みを浮かべた。

「ゆ、雪ネエ……早いよ。浄霊したはずじゃん？　何でもう帰ってきてんだよ」

「まぁまぁ。ちょっと聞いてよ」

「なんだよ。また殺すってか？」

「違うよー」

「もう悪霊に変わったりしない？」

「しないよ。誓える。証拠もあるし」

「証拠？　んー。で、あの後、どうなったの？」

「うん、あのお経を聞いてて、ホントに体がひゅーって上がって行ったんだ。すごいスピードでね。それで気がついたら白い雲の絨毯《じゅうたん》の、なんていうか、そう、綺麗な場所で、沢山の人がいて、えっと……」

「それって、天国？」

「そう、天国！　ホントにあるんだよ。聞いた話なんだけど、天国の様子っていうのはその人のイメージそのものになるみたい。私はそういう雲の上のイメージだったからそう見えたんだと思うけど、みんなそれぞれ違うように見えるらしいよ」

「うん。それで？」

「でね。天国の偉い人に、色々言われたんだけど、こんなの貰っちゃったんだ」

雪ネエは頭の上で丸を作ってみせた。

「輪っか？」

「うん。それと、羽も貰ったんだ」

「マジで？」

「うん。でね、一日だけ余裕貰って、現世をもう一回だけ見てきていいって。それで決めろって言われたんだ」

「決める？」

「うん。天国で暮らすか、現世で誰か一人の守護霊になるか」

「その余裕……っていうのが今日なの？」

「ううん。昨日。大阪とかにいたでしょ？　見てたよ」

「嘘だろ？　智沙は雪ネエを感じなかったって言ってたよ」

「うーん。私のことはもうわかんないのかもね」

「で？　決めたの？」

雪ネエはニヤリと笑った。

「だからこれからよろしくね。これから私は智沙の守護霊だからね。それと、天使ってね、凄いんだよ。人が考えてることがわかるし。例えば自販機の前で悩んでる人とか。それと、少し先の未来もわかるんだよ」

「それは凄いな」

「でしょ」

「で、わざわざよろしくって言いに来たの？　守護霊が挨拶に来るなんて聞いたことないよ」

「そう。言いたいことはここからなんだけどね、天国に健も来たんだ。健のイメージは私の天国と違うみたい。一軒家があったり、子供やわんこがいたりする普通の町みたいなイメージなんだって」

「ほー」

「でね。健は天国の偉い人に指輪を貰ったんだ」

「指輪？」

「うん。でねー、でねー」

　雪ネエは嬉しそうに手を眺めた。智沙の薬指には僕とおそろいのコムサのリングが光っている。

「でね！　プロポーズされちゃったのー！　健ったら真っ赤になって『結婚してくださ

い！』って言うんだもん。つい『はい』って素《す》で言っちゃったじゃん！　きゃー」

「やるなぁ健さん」

「でしょ？　式は明日の朝するんだよー」

僕は何と言ってよいかわからず、しかし嬉しさと喜びを表すために雪ネエを抱きしめた。

「ひゃっ。亮！　どうしたの？」

「……雪ネエ。よかったね」

「うん……ありがとね！」

そして僕らは天国では挨拶代わりだという軽い口づけを交わした。

＊＊＊＊＊＊＊

雪ねぇはきっとどんな世界にいても幸せになれるのだろう。全てにおいて前向きでしっかりしているからこそ、どんな事があっても幸せと思って過ごしていられるのだろう。凶変もしたけれど、本当は現実を受け止めて、しっかり前を向いて……。

今日も明日もあさってもこれから先もずっと、雪ねぇは見ていてくれる。何かあったらきっとアドバイスしてくれる。あたし達はもう、一人じゃない。嬉しい！

亮の守護霊は亮のおばあちゃんとポチ、あたしの守護霊はあたしの祖父母、そして雪ねぇという小悪魔の微笑みを持つ天使。

きっとみんながこれからもあたし達に幸せを運んできてくれるだろう。そう信じている。

第三章

長崎から帰ってきてほんの一、二日だけの平穏《へいおん》の後、突然智沙が降霊状態になってしまった。

「苦しい……殺す……苦しい……」

そう言いながら部屋を出て行こうとする。僕は智沙を必死に止めながら、その人のことを尋ねてみる。しかし、自分の名前も年齢も何もわからないという。まったく迷惑な話だ。いきなり現れたかと思えば何も言わずに智沙の体でどこかへ行こうとする。なんなんだ。

それでもなんとか落ち着かせて話をさせたところ、その人は僕たちが暮らしているアパートのすぐ近くにある交差点で事故死した男らしい。そういえばその交差点には常に花が供えてあり、缶コーヒーやお菓子、煙草などが供えてある。それがその人のための物かどうかはわからないが。

男は言った。目的は忘れたが駅へ向かって歩いていた。横断歩道を渡っている途中に凄い勢いで右折車が突っ込んできて轢《ひ》かれた。

自分の死の瞬間、男はそれだけは覚えていた。どうやら霊は死のショックが大きすぎて前後不覚になることが多いらしい。

「体があればやりなおせる……」

再びそう言って男は部屋を出ようとした。僕はそれをなんとか押さえつけ、雪ネエにその男の魂を抜いてもらうように頼んだ。智沙の意識では霊を憑依させることはできても体から抜くことはできないのだ。

友好的な霊ならともかく、そうじゃない場合は雪ネエに抜いてもらうか、その霊が満足するまで付き合うか、体から抜けることを了解させるか、それしか方法はない。霊能力というものが僕にあれば無理矢理にでも智沙の体から追い出すことも可能だろうが。

とにかく、雪ネエのおかげで男は体から抜け出た。しかし智沙の話ではまだ部屋にいるらしい。というか、智沙の体の中に入ったまま、意識を乗っ取るチャンスを狙っているということだった。

そして午前三時、僕は見よう見まねの浄霊を試みた。あのとき久留実さんが行ったその全てを再現する。素人で、しかも霊感ゼロの僕にそんなことができるのかは正直不安で、もしもそれが成功しなかったときには霊に逆ギレされる危険もあるが、それでも……。

しなくちゃいけない。僕の、そして智沙の命を守るために。

三月七日

長崎へ行くことになった三月一日未明、部屋に小さな女の子の霊が現れていた。僕も智沙も子供なら害はないだろうと思い降霊を試みた。そうでなくとも、他の霊が智沙に出入りしているところを見たのなら、その子も智沙に憑依しようとするだろうから、早いか遅いかだけの違いなのだった。

その女の子の名前は沙里奈ちゃん。三歳で、ここへはママを探しに来たという。何を聞いても、二言目にはママに会いたい、ママはどこなの？ と言った。それでは話が進まない。

実は沙里奈ちゃんは長崎への旅路にもついてきていた。電車の中でも突然現れるので、僕は仕方なく話に付き合ってあげていた。沙里奈ちゃんもまた、自分の最期をはっきりと覚えていた。自分が今どのような状態なのかも理解していた。

その日、幼稚園が終わってもママは迎えに来ず、代わりに親戚と名乗る知らないおじさんが来たと言う。おじさんは言った。ママのところまで車で連れて行ってあげると。沙里奈ちゃんは車に乗り込み、そのまま暗い倉庫に連れて行かれた。おじさんにはお菓子や飴を貰った。おじさんはいい人だと思った。でもおじさんの質問は難しくてわからなかった。

三歳の沙里奈ちゃんには家の電話番号もわからなかった。しばらくしておじさんは倉庫を出て行ってしまった。

暗く冷たい倉庫に一人、沙里奈ちゃんは置き去りにされてしまった。そのまま、誰も迎えに来なかった。

時間に余裕があったので、今日僕らは沙里奈ちゃんが置き去りにされたという場所へ行くことにした。偶然にも智沙が通っていた中学校の近くにその倉庫はあった。当時は倉庫だけが建っていたのに、数年前に近くの工場が建て直されたときに倉庫も工場の一部になってしまったらしい。つまり倉庫に入ったとしても、当時の様子を残す物は何もないということだった。

沙里奈ちゃんが住んでいたのは智沙の実家の近くだった。だが沙里奈ちゃんの記憶にある場所には家は建っておらず、ただ空き地だけがあった。近所の人に話を聞くも、その周囲に家やアパートができたのは最近のこと。しかも引っ越してきた人ばかりなので、過去の状況を知る人はいなかった。

沙里奈ちゃんの記憶では、通っていた幼稚園に近くの中学校の吹奏楽部《すいそうがくぶ》のお姉さん達が来て演奏してくれて、その後、楽器を触らせてくれたことがあったらしい。それはとても嬉しかったと言う。

実は智沙も中学時代は吹奏楽部に所属していて、かつて一度だけ幼稚園に演奏に行ったことがあったという。

そして、楽器を子供に持たせてあげたことがあったのだと、僕に言った。

それだけではない。智沙が言うには数日前から髪の長い若い女が部屋に立っていたらしい。思うに怖い人ではなかったということで、とりあえず降霊してみる。しかし、降霊をすればするほど智沙の体に負担がかかり、さらに霊媒体質が悪化して誰でも簡単に憑依できるようになってしまう危険がある。最近の智沙は常に体がだるくて眠いと言っている。降霊など本当ならばしなければいいのに……。もっとも、したくてしているわけではない。それに、もうすでに智沙の霊媒体質は完成してしまったのかもしれない。起きているのに無理矢理雪ネエや沙里奈ちゃんやポチが入れ代わることがある。そのとき、智沙はどこでどうしているのだろう。体のどこかで意識が眠っているのならばまだマシな方だ。以前雪ネエが現れて僕と話をしていると、部屋のキャンドルの炎が激しく揺れていたことがあった。そのとき雪ネエは智沙のパソコンを指差し、そこに智沙が立ってると言って僕を怖がらせた。まさか、最近誰かが智沙の体を使っているとき、智沙の魂は体から抜け出ているというのか？

どんな霊でも簡単に降霊させることができるというその危険。今僕らは『降霊させる』と言ってはいるものの、実際には誰でも智沙に入り込むことが可能なのだ。智沙の意識と雪ネエの協力によりどうにか悪霊の侵入を防いではいるが、より強い悪霊が現れたとき再び智沙に……いや僕らに、もっと恐ろしいことが起こるんじゃないのか？　最悪、智沙が帰って来れなくなる可能性もあるんじゃないのか？

ところで、せっかく降霊させたというのにその女の人は何も言わなかった。僕を警戒して黙っていたのか、久しぶりの現世に戸惑《とまど》っていたのかはわからない。その人はただ僕の口や顔を手でなぞるだけだった。僕が話すことを諦めると雪ネエが現れた。

「よう、雪ネエ。おはよう」

「おはようじゃないよ。何やってんの」

「何やってんのじゃないよ。わかんねぇもん」

「喋らない人？」

「うん。なんでだろう」

「えーとね。私が思うに、あの人は喋れないんじゃないかなぁ。耳が聞こえない人は自分の声も聞こえないじゃない？　つまり喋ることもできないっていうじゃん。もしかしてそうなのかも」

「そっか……何か方法を考えなきゃな……」

三月八日

夜、昨日の髪の長い女を降霊し、試しにノートとペンを渡し筆談を持ちかけてみた。

『これで会話できるかな？』

『うん、できるよ』

案の定、その人は耳が聞こえないようだった。彼女の名は久美子さん、年は二十五歳。犬を飼っていて、長野県に住んでいた。遠距離恋愛だったバイクショップ店員の彼氏や最期の日の夕食を買っておいてくれた親友、そして大好きなペットの犬の話をしてくれた。

『会えないならそれでもいいんだ。もう現世には未練ないしね。でもあえて言うなら、私を知ってる人達に、私は元気だよって伝えたい……それくらいかな。私はある日ストーカーに拉致されて殺されたの。でも誰も恨んではいないよ。呪おうとか思わないよ。自分の死についてもちゃんと考えて受け止めたよ』

加奈子や雪ネエとは違って、これが霊として自然なあり方なのかなと思った。ばあちゃんもきっとそうだろう。現世への未練はとうに断ち切って、今現在の自分のことを受け止められているのだろう。

僕は久美子さんを、とても優しい人だと思った。そして知人達に送るつもりで手紙を書いてもらった。

彼氏へは、仕事を頑張れと。親友へは、夕食を食べられなくて残念だったと。ペットへは、いい子でいてねと。その手紙を読んで、僕は思わず涙が出そうになった。とても温かい手紙。親しい人近しい人が皆、幸せに生きてくれることを望んだ人、久美子さん。

耳は五歳くらいからだんだん聞こえなくなっていって、そのまま何も聞こえなくなってしまったらしい。だが、そんなことは関係なく、彼女は沢山の人に愛されて生きていたのだろう。この人の力になりたい、僕は素直にそう思った。それは恋愛感情ではなくて、せめて最後に一つくらいは何かしてあげたくて言ったことだった。

『何でもいいから、一つだけお願い聞いてあげるから、遠慮せずに言って？』

『いいよ別に……何もないよ』

『行きたい所、したいこと、食べたいものとか、何かないかな？』

久美子さんはしばらく困った顔をして遠慮しながら、

『じゃあ……コンビニのおでんとおにぎりが食べたい！　親友が買ってくれたのに食べられなかったんだよ。それだけが心残りかなぁ』

ささやかな幸せを願い、周りの人のことを思う人。この人が死ななければいけなかった理由などどこにもない。それは今さら思うことではないにしても、そんな可愛い願いなら、すぐにでも聞いてあげよう。

僕らは近くのコンビニへ行き、おにぎりとおでんとアイスを買ってきた。せいぜい千円で手に入る至福の時間。それさえも手に入らない、今の久美子さん。以前雪ネエが言った言葉を、僕は痛感していた。

《人はね、生きてるだけで幸せなんだよ》

智沙はこう言っていた。久美子さんにとっては、『自分の大切な人が幸せなら私も幸せ』なのだろうと。

久美子さんが書いた手紙を彼氏に送ろうと思い、携帯を貸してあげた。久美子さんも生前は携帯電話を持っていたそうだ。メールを使うために必要だったという。なるほど。そう思うと、昨今のカメラ付きの携帯など、通話には直接関係のない色々な機能も必要があったのだと感じた。電話なんだから通話だけできればいいじゃないか、ゴチャゴチャした他の機能なんかいらないじゃないか、そんなことを言う人達に教えてあげたい。携帯電話に機能が沢山あれば、通話以上に伝えられるものも沢山あるんだよと。

『久美子の友達です。預かり物があるんですが、勝さんの住所を教えてもらってもいいでしょうか？　お願いします』

Ｅメールのアドレスはわからないが、幸いにも彼氏の勝さんはａｕの携帯を使っているという。僕と智沙もそうだ。Ｅメールのアドレスがわからなくとも、電話番号がわかればＣメールが送れる。

『メール送信中……』

その画面が表示されている数秒が、やけに長く感じた。やがて画面が切り代わった。

『相手にメールが届きました』

「やったあ！」僕と久美子さんは思わず手を取りはしゃいだ。彼氏が携帯の番号を変えずにいたこと、それもまた小さな奇跡だと思った。

そういえば、小さな奇跡を自分の力で起こせる人がいる。幸せを運ぶことができる人がいる……そう、僕らのそばに。

天使となった雪ネエだ。久美子さんに少しだけ離れてもらい、智沙の体に雪ネエを憑依させる。

「ねえ、雪ネエ？　久美子さんの耳、治せないかなぁ」

「あ、そっか。できると思うよ。待ってて。すぐ治すから」

智沙が、いや雪ネエが意識を失ってからほんの一、二分で、再び久美子さんが表に出た。みんな同じ智沙の体を使っているのに、その表情の微妙な違いで、僕はなんとか相手を区別することができる。しかし雪ネエや加奈子は何度も出たり入ったりを繰り返しているから、智沙の表情に近くなっている。大阪で加奈子が智沙のフリをして僕とエッチをしたときなど、その違いはほとんどわからなかった。黙っていれば、基本的に僕には区別できないのだ。

「雪さんって人がね、耳を治してくれたの。すごいよ……聞こえるよ、亮さん」

「うん。はじめまして。久美子さん」

「はじめまして。ありがとうね、色々と」

「お安い御用だよ。ねえ、聞きたい歌とかあるかな？　持ってればかけるけど」

「ミスチルとか……globeとか。親友がね、耳の聞こえない人用に曲を直してくれるの。歌詞はそのままだけど、メロディを音符とかリズムとかでちゃんと作ってくれるの。でも、声はわかんないよね……」

僕はいくつかのCDを聞かせてあげることにした。

「あ、この曲知ってるよ。歌詞を知ってるんだけど……、ミスチルってこんな声だったんだぁ」

　僕の大好きなglobeの曲もかける。

「思ってたとおり、綺麗な声ー。いいなぁ、亮さんはこれをいつも聞いてたんだよね」

「久美子さんも一応聞いてたはずじゃん。一緒だよ」

「そうかな」

「そうだよ。あ、そうだ。せっかくだから彼氏に電話してみる？　加奈子なんてときどき智沙の体借りて旦那と子供に電話してるんだよ」

「え……。でも、いいよ。そういうことしちゃダメな気がする。これで十分だし、後悔もないから」

「そっか。久美子さん、本当にいい人なんだね。素直で清純派で」

「そんなことないよー。普通だよー」


　当たり前だと思っていたことや価値観が、最近、曖昧《あいまい》になってきた。生きていても死んでいても、明るく楽しく存在することはできる。耳が聞こえることや、人と話せること、それができることは普通ではなく、特別なことなのかもしれない。普通であること自体が特別なのかもしれない。そう思うと、幸せの定義みたいなものまでが僕の中で少しずつ変わっていく。

何を持っているから幸せで、何を持ってないから幸せじゃないと言えるのか。傲慢《ごうまん》とか貪欲《どんよく》とか嫉妬とか怠惰《たいだ》とか暴食とか色欲とか、生きてく上で誰もが通らなければならない沢山のことの、そのどれもが幸せに繋がっていて、あるいはそのどれか一つを満たせば幸せで、逆に何も持ってなくても幸せと感じることはできるのに、それに気付いてない人が多すぎる。僕もつい最近まではそうだった。失うことを真剣に考えたからこそ、こうして当たり前のことを喜ぶことができるのだ。

久美子さんや智沙のように、人の幸せを願うことが自分の幸せに繋がると思える、そんな人間になりたいと思った。

三月九日

日曜日。朝、沙里奈ちゃんに両親の事を聞いた。ドラえもんの時間になると仕事に行ったママと、電気屋で働いているパパ。

「ママに逢いたい。動物園へ行きたい。でもディズニーシーへは一人で行ってきたの。行列も何も関係なくて、ばーっと走って行ってきたよ。一人じゃあんまり楽しくなかったけど。だからママに逢いたいよ……亮兄ちゃん……」

沙里奈ちゃんはまだ三歳の女の子だ。そんな子供が母親に会えない寂しさは一体どれほどのものだろう。僕はバイトが忙しくなったから今までのように昼間動くことはできない。だけど僕の仕事が忙しいから今度行こうね、とか今ママを探してるとこだからちょっと待ってねとか、そんな言い訳じみた全てがまたあの子を孤独にしていく気がした。

最近、部屋に霊が増えた。霊感がある人の近くに霊は寄ってくるとは言うけれど、そうして憑依してくる霊をいちいち相手にしていては智沙の体がもたない気がする。皆に言わなければ。しかし、今はちょっとだけ気がかりなことがあった。加奈子のことだ。

加奈子には子供がいる。沙里奈ちゃんより一つ年上の雄太君という男の子だ。長崎から帰ってきたあの日の夜、実は横浜駅で旦那さんと雄太君を見かけていたらしい。しかし、雄太君の片手は旦那さんと、そしてもう片方の手は女の人と繋いでいたという。そのショックのあまり、加奈子は最近もの凄く不安定になっていた。

「浮気できるような人じゃないのに。もう私のことなんてどうでもいいんだ。私のことなんて忘れてるんだ。もう電話もしない。その方がいいんだよね、きっと。でもそれよりも、雄太が女の人と手を繋いで歩いていたことがショックだった。亮、どうすればいいの……あたしはどうすればいいの？」

かつて加奈子はこう言った。

「雄太の成長があたしの存在理由なの」

そして沙里奈ちゃんのことについても、とても心配している様子だった。

「子供はわがままだけど可愛いよ。あたしには沙里奈ちゃんの気持ちがわかる。子供がいるからわかるの。亮、お母さんを探してあげて……」

そんな、母親としての顔と女としての顔が加奈子を苦しめた。まだ若いのだから人生はこれからだと思える気持ちと、母親なのだから自分のことよりも子供を第一に考えたいという気持ち、その葛藤《かっとう》に苦しんでいた。加奈子が大切にしたいのは家庭だった。しかし旦那の浮気疑惑により、その寂しさのはけ口が僕へと転移してしまったようだ。

「亮のことが好きなの！　一緒にいて欲しいの！　ずっと一緒にいるって言ってよ！」

そんなことを言い出す始末だ。一時的に寂しさを埋めることはできるが、それはただの誤魔化しでしかない。体を重ねたとしても加奈子の寂しさは埋まらない。そしてそれ以上に智沙が寂しさを募《つの》らせるだけだ。

「雪ネエでも加奈子でも、好きって言ってくれる人を選べばいいじゃない！　その人らと一緒にいられれば亮ちゃんも幸せなんでしょ？　勝手にすれば!?」

智沙はそう言って部屋を出て行ってしまった。まるで二月一一日の喧嘩のような修羅場《しゅらば》だ。しかし今では智沙が一人で道を歩いている途中で雪ネエや加奈子に意識を乗っ取られ、また部屋に戻ってくるのだった。帰ってきた智沙は僕に謝り、僕もまた智沙に謝る。そして僕らは仲直りする。それにしても入ったり抜けたり、こんなことを繰り返していては智沙の魂が本当に不安定になっていくんじゃないかと心配になってきた。

その日の夕方、加奈子が言った。

「智沙はまだ帰ってきてないよ。道でぼーっと立ってるみたい。この体、あたしがもらうの」

そして加奈子は何度も僕を襲おうとした。しかし、気持ちがなければエッチはできないと言い、僕は加奈子を拒絶した。これ以上霊のわがままに付き合ってはいられない。

「加奈子。雪ネエに代わってよ。じゃなきゃ智沙を連れて来いよ！」

「やーだ。この体はあたしが使うの！　智沙はもう帰ってこないんだから、いいよね。ね、亮。一緒にいようよ。一緒にいていいでしょ？　好きなの！」

「ダメ。本気でそう思うんなら、旦那さんとか雄太君のことを忘れたって言ってよ。ほら、この場で！」

「…………」

「できないだろ？　もう全部いらないんだって言ってみせろよ。そうすれば俺も考えるから」

加奈子は不安定になって僕のことを好きとは言っても、それはただの誤魔化しに過ぎないのだ。本心はとっくにわかっている。顔に出ていた。旦那や子供に会いたい。自分の存在を忘れていてほしくない。自分の代わりを見つけていてほしくない。もし忘れられていたら……それが怖くて現実を知りたくないという不安だった。以前の雪ネエと同じ不安だった。

「ほら、無理だろ？　だから旦那さんのことはちゃんと確認するからさ。ときどき電話するだろ？　またかければいいじゃんか」

「やだ。怖いよ！」

「加奈子。ふたつだけ聞くよ？」

「何？」

「旦那さんに、会いたい？　横浜へ行きたい？」

加奈子はしばらく押し黙っていたが、

「……会いたいよう……」

小さく、そう言った。そしてそのまま意識を失う。次に目を覚ましたのは、雪ネエが連れ帰ってきた智沙だった。

「何してんだよ。さっさと帰ってこいよ」

「……ごめんなさい」

「馬鹿」

「ごめん」

「心配かけさすなよなー」

「……はぁい」

そして僕は智沙を抱きしめた。

＊＊＊＊＊＊＊＊＊

三月一〇日

　毎日のように沙里奈ちゃんが現れ、ママに逢いたいと言い続ける。亮がバイトへ行っている間、あたしは友人に電話を掛けた。以前その友人にあたし達が沙里奈ちゃんのお母さんを探していることを伝えてあったのだが……。

「もしもし？　智沙だけど」

「あっ、久しぶり。どう？　あれから女の人見つかったの？」

「ううん、まだ。今日仕事で新宿にいるんだけど今から会えないかな？　探しに行きたいんだけど」

「いいよ。探しに行くなら付き合うよ。アルタ前で待ってて。今から向かうから」

　そして一緒に沙里奈ちゃんのお母さんを探すことにした。沙里奈ちゃんはよくママに八百屋さんで果物を棒に刺したものを買ってもらったという。多分それは新宿のアルタ横の八百屋だろう。ということは沙里奈ちゃんのお母さんは新宿で働いているのだろうか。さらに、ママは二つのお店で働いているということらしい。一つはママの名前で着物を着て。もう一つは『あいちゃん』という名前でスーツを着て。あたし達はあいちゃんという名前のホステスがいるお店を探すことにした。何軒か回ったところで『あいちゃん』がいるというお店を見つけた。コマ劇のちょうど裏あたりにその店はあった。そして出勤してきたばかりの彼女に会うことができた。

「沙里奈ちゃんのお母さんですか？」

「え、あ、はい、そうですが……」

混乱しているお母さんに、とりあえず自分がどういう者かということをまず話した。あたしには沙里奈ちゃんが見えるということも話した。お母さんは驚きながらも真剣に話を聞いてくれた。そしてあたしは沙里奈ちゃんに代わり、話をしてもらった。

話し終わって自分の意識が戻ると、沙里奈ちゃんのお母さんは涙を流して、一言だけ呟いた。

「沙里奈が強い子で本当に良かった」

とりあえずあたしの連絡先を教えてその日は帰宅した。沙里奈ちゃんはあたしに憑依し、ママに会えた喜びを亮に一生懸命伝えたそうだ。仕事をしているママはかっこいいんだよとか、これからはときどきママの仕事を見に行くんだと言っていたとのこと。そしてその夜は他にもいい知らせがあった。

一つは亮が昔飼っていた柴犬のポチに彼女ができたこと。もちろん霊なのだが、白くて可愛いチワワのチャムちゃんだ。仲良く走り回っている。とても楽しそうで、二匹はすぐ遊びに行ってしまった。

そしてもう一つは加奈子のことだ。どうしたらいいものかと考えて、あたしはとりあえず旦那さんにメールを打っておいた。その返事が返ってきたのだ。メールの内容はこんな感じだった。

『メールありがとうございました。加奈子がそんな事を言っているのですか？　最初に訂正しておきます。そのとき一緒にいた女は会社の同僚で、帰る方向が同じだったため一緒に歩いていただけです。ご迷惑をおかけしました。そう、息子が最近ママからの電話がないとうるさいのです。智沙さんにお願いがあるのですが、もしまた加奈子が現れたら電話をもらえないでしょうか？　宜しくお願いします』

＊＊＊＊＊＊＊

加奈子が智沙の体を借りて電話を掛ける。僕は微笑んでその表情を見ていた。幸せそのものに見えた。

「もしもし……？　パパ？　私。加奈子だよ。元気？　うん。私は元気だよ。ときどきパパの仕事とか雄太の幼稚園とか見に行ってるんだよ。上からね。雄太がね、パパのお弁当は美味しくないって言ってるよ。がんばらなきゃね……あはは……うん……うん……」

人には帰る場所がある。加奈子にとっては旦那さんの所だろうし（体がなくなっても気持ちはそこにあるだろうから）、雪ネエにとっては健さんの所だろうし、僕にとっては智沙と一緒に居られる僕のこの部屋なのだろう。大切なのは心。全ては気持ちの問題だ。最近、僕の中で『死』についての考え方が変わってきた。今までは死んだら終わりだと思ってきたけれど、全てが終わるわけではない。もしかすると、それはただ体を失うだけのことなのかもしれない。そんなに怖いことではないのかもしれない。

加奈子が電話をしているとき、僕は先ほどのチャムちゃんとの会話を思い出していた。チャムちゃんは僕のことをポチくんの言ったとおりの人だと言って、嬉しそうに匂いを嗅いでいた。犬と人のコミュニケーション……現世では言葉で、態度で、あるいは心そのもので、十分通じるのだと言う。チャムちゃんは言った。話ができたり二本足で歩けるから人間はいいと思うけど、わんこでも十分話はできるんだよ。相手と会話ができることはすごいことだけど、犬は犬。人は人。喋れるから人間の方が偉いってことじゃなくて、それぞれにいいところはあるんだよ、と。

死んでも明るく前向きでいられるポチやチャムちゃんや雪ネエに、まだまだ教わることがありそうだ。

電話が終わって安心した様子の加奈子は、智沙から抜けると消えてしまった。そして僕らが寝ようとしていると再び現れた。さっきの電話の後、芸能人に憑依して旦那に会ってきたのだと言う。元アイドルの有名人だ。しかもエッチをした。僕は一瞬だけ羨ましいなと思ったけれど、それ以上に驚くべきは、肉体を持ったまま瞬間移動をしたということだ。その場所から一瞬で自分の家へ行った、と。霊にとってはそれは簡単なことなのだろうか。現世での瞬間移動を自在にできるようになれば、加奈子は雪ネエよりも強い霊になる可能性がある。怖くなる前に浄霊をしたほうがいいのだろうか。しかし、それもまたそうありたいと願った加奈子の心の力が引き起こした現象なのだとすれば、心の力とはどれほどの奇跡を生み出せるのだろう。

雪ネエが久美子さんに施したような心霊治療を、もしも智沙が現世で行えるようになったなら、もっと沢山の人を幸せにできるのかもしれない。霊が起こす奇跡を現世の人間が起こすことはできないだろうか。

三月一一日

霊のみんなはいつも僕と智沙が寝ようとしているときに現れる。今夜は久美子さんが現れた。そのとき僕らは裸だったので、久美子さんは驚いて布団をかぶった。僕にしてみれば、体は智沙なわけだからあんまり恥ずかしいことではないのだけれど。

「久美子さん？　ごめん、何？　いきなり」

「……ううん。何してたのかなって」

「エッチしてた。今から寝るとこだよ」

「少し話していい？　亮さん」

「ああ、いいよ……何？」

　そしてなぜか久美子さんと恋愛について少しだけ語り合った。耳が聞こえないという不自由もあったけれど、久美子さんは恋愛に関してはおくてだったという。彼氏はいたものの、遠距離でしかも互いに仕事が忙しくてあまり会える時間もなかったらしい。

「……あのね。亮さん。驚かないで聞いてね」

「何さね」

「私、実は……したことが、ないんだ。その、エッチ、をね。したいっていうよりも、どんなものかわからないから、知りたいって気持ちがあるの」

「……無理だよ。僕にとっては浮気じゃん。ごめんね、できないよ。雪ネエのときも加奈子のときも、その後で智沙とすごい修羅場になったんだよ。その度に智沙に怒られて、別れそうになっんだ」

「……あ、そうだよね。いいよ、別に。ごめんね」

久美子さんは申し訳なさそうに悲しい顔をした。僕はエッチをしたいとかではなく、それが彼女にとって救いになるというのならどんなことでもしてあげたいと思った。行きたいところ、食べたいもの、したいこと、何でもよかった。

「ちょっと智沙に聞いてみるよ」

「うん」

久美子さんはそう言うと智沙に代わった。こんなに簡単に人が入れ代わるというとまるで多重人格のようだが、そうではなく、これは霊現象なのだ。多重人格の方がいくらかマシだろう。違う人間だとしても、それは『自分』なのだから。

「……亮ちゃん？　誰が来てたの？」

「うん、久美子さんがね……」

そうして今の話をしてみた。智沙は一回だけならいいよと言ってくれた。エッチな意味ではなくて、誰だってセックスを知らずに死ぬのは嫌だろう。そういう気持ちは僕もすごくわかる。

だからそれは、下心でも浮気でもなくて……でもはたから見ればやっぱり浮気に分類されるんだろうけれど、僕は久美子さんを抱いた。実は僕は知っていた。意識は久美子さんだとしても、体は智沙なのだ。意識としては初めてのエッチだとしても、彼女を満足させることができることを、僕は知っていたのだ。

今思うと、穏やかな日常はこの日で終わりだったのかもしれない。

三月一二日

午前二時頃。僕らが眠ろうとしていると、智沙は急に降霊してしまったようだった。無理矢理体を乗っ取られた感じだ。殺す。殺す。殺してやる。智沙はそれしか言わず、目も開かない。とりあえず落ち着いて、いつどこでなぜ死んだのか、それを尋ねてみる。おそらくは男だろう、その人はこう言った。

「殺された。呪い殺された。何もしていないのに」

話によれば、男はわら人形に釘を打たれて呪い殺されたとのこと。今どきそんなベタな呪いを実行する奴がいるのか。しかしこいつはマジでヤバい。僕は智沙の手を握り、何度も何度も名前を呼んだ。男は殺す殺すと馬鹿みたいに言い続けていたが、やがて智沙が目を覚ました。

「亮ちゃん?」

智沙はすぐに頭を抱えてうずくまる。そしてそのまま意識を失ってしまった。

「智沙? どうした? 起きろよ……」

揺すっても叩いても反応がない。呼吸はしているけれど、魂が抜けている様子だった。

＊＊＊＊＊＊＊

また不思議な体験をした。死後の世界を見てきたのだ。正確に言えば見たというより行ってきた、だろう。薄暗い川があった。まるで黄河のような広大な川だった。周りには誰もいない。自分の足元はヘドロのような沼地で、遥か遠くに見える向こう岸は色とりどりの花が咲いていた。あたしの好きなかすみ草の花畑もある。しばらく川岸を歩いていると、前方に橋が見えてきた。橋の袂《たもと》にはなぜか杖が置いてあった。あたしは何を思ったかその杖を手に取った。あたしを導くように、ちょっと怖い男があたしの手をとった。あたしは男に連れて行かれるように、その橋を渡り始めた。

橋を五分の一程渡り、ふと振り返ってみると血だらけの人達が川の下から手を伸ばしている。あたしの足をつかみ、川の中に引きずり込もうとする。気が付くと男はいなくなっていた。必死で振りほどき橋を渡ろうとしてもなかなか前に進めない。すると、橋の向こうにいつも部屋に現れる人達が見えた。雪ねぇ、久美子さん、加奈子、あたしの祖父母、亮のお婆ちゃん、ポチにチャムちゃんも。みんな口々に、こっちへおいでよと言っている。

川の下で蠢《うごめ》く手を必死で振り解き、「おばあちゃん、助けて！」と叫びながら、あたしは全速力で橋を渡った。

＊＊＊＊＊＊＊＊

しばらくして目を覚ましたかと思うと、智沙は手が勝手に引っ張られているような仕草を見せた。寝転んでいながらも動いている。歩いている……というよりも歩かされている感じだ。よく見ると目が開いていない。僕の言葉も届いていない。まだ眠っているのか、それとも誰かに引っ張られているのだろうか。ときどき「いやぁ」とか「おばあちゃん……」とか言っている。僕が何度も名前を呼んでも、一向に気付く気配はない。智沙はそのまま少し暴れていたが、やがて完全に意識を失ってしまった。

それから数分。目を覚ましたが、それは一見して智沙ではなかった。僕は恐る恐る誰ですかと問いかけた。その人は「アキ」と答えた。天国から来たのだという。

「この体が空っぽになったからここへ来たの。天国でそういう体の順番待ちをしていたんだよ。自分の後ろには、あと二千人くらい並んでた……」

「そんなことはどうでもいい、智沙は？」

「……この人はもう川を渡っちゃったから、もう帰ってこないよ。だから私が使うの」

その一言で、僕の全身に鳥肌が立った。しかもなぜか涙が溢れる。どうしたというんだ。僕は自分が冷静であることはわかっていたのに、なぜか涙が止まらなかった。まさか、まさか。でも……いや、信じない。そんなことは信じない。肉体は動いてるんだ、帰ってこれるさ。そう、アキさんもまだ肉体に慣れていないらしく虚ろな目のままだ。すぐに智沙は帰って来るさ。そう、帰ってくるさ……。

＊＊＊＊＊＊＊＊

橋を渡った所は、さっきいた場所から見るよりも遥かに綺麗な場所だった。ポチは走り回っているし、沙里奈ちゃんも元気に遊んでいる。そして川岸のもっと先には大名行列みたいに並んでいる人達もいる。あたしはゆっくり歩き始めた。

しばらく進むと目の前に白くて大きな建物が見えてきた。まるで古代のパルテノン神殿のような建物だ。中に入ると白い布を巻いた男女が沢山歩いている。みんな手に分厚い本を持っている。少し行くと童話に出てきそうな、白くて長い髭《ひげ》を生やした老人がいた。大きな椅子に座って本を順番に渡している。その横には名簿らしきものをチェックしている人がいた。あたしもそこに並び、順番を待つことにした。

あたしの順番になり、役人みたいな人が名簿からあたしの名前を探し始めた。役人は何度もページをめくっては見返した。しかし名前は見つからない。あたしはそのまま違う部屋に案内された。そこで偉そうな人にここでの決まりごとなどを教えられた。そして皆が貰っていたあの分厚い本をあたしも貰い、外に連れて行かれた。外へ出るとあたりは夕暮れみたいにオレンジ色に染まっていた。少し歩くと空に続く長い階段が見えてきた。階段の昇り口まで歩くとそこには門番が立っていた。門番は階段の説明を始めた。

「階段は十万段ある。五千段ごとにお坊さんがいるからお話を聞くこと。途中で戻ることはできない。最後まで修行を怠らないこと」

門番は淡々とそう言い、あたしに新しい本と杖を渡した。そしてあたしはその階段を登り始めた。

＊＊＊＊＊＊＊

アキさんを眠らせるように目を閉じさせ、背中を叩いて気を入れる。久留美さんがやったことを思い出しながらお経を詠み、智沙から除霊する。次に目を開けたのは雪ネエだった。なぜか雪ネエは泣き出してしまった。

「雪ネエ！　どうしたの？　なんで泣いてるの？　智沙は？」

「亮？　いい？　最初に言っとくよ」

「……何？　冗談ならやめてね」

僕は必死に涙を抑えながら笑顔を作り、冷静に振舞ってみせた。

「智沙はもう帰って来れないよ。川を渡っちゃったから」

……そんなはずはない、体は生きてるんだ。すぐに戻って来るよ。近くにはいなくても、雪ネエやポチや智沙の祖父母が連れてきてくれるはず。そうだろう？　ねえ。雪ネエ。

「どこにいるかもわかんない。もうどこにもいないのよ！　亮！」

「それでもいいから、探してきてよ！　雪ネエしかいないんだよ！　お願い、智沙を助けて！」

雪ネエは力なく僕に告げた。

「もう智沙は帰ってこないよ……亮……、川をね、渡っちゃったの。変な男に引っ張られて無理矢理渡らされちゃったの。でね、一回渡っちゃうと天国の決まりに逆らうことはできないの。私、守護霊なのに何もできなかった……。智沙はもう戻って来れないの。それが天国の決まりごとだから……」

それから雪ネエは半ば諦めにも似た表情で、

「……あんまり期待しないでね」

と言って智沙から抜け出た。再び智沙の体は静かに寝息を立て始めた。しかしそれがただ眠っているという状態ではないことは、言われるまでもなくわかっていた。

魂が体から抜け落ちた状態。それは普通に眠っているのと同じように見えた。雪ネエが代わりに智沙の体を使って起きる。放っておくと体も死んでしまうかもしれないので、一時的に体に魂を入れておくためにも雪ネエが入る必要があるのだという。他の霊では悪霊に乗っ取られる可能性があるが、天使である雪ネエはその力が違う。たとえ乗っ取られたとしても、無理矢理その魂を体から抜き出すこともできるのだ。

＊＊＊＊＊＊＊＊

階段の途中で、いろんな人とすれ違った。抜かされたりもした。子供、大人、老人……。みんな黙々と階段を上がっていく。そのまま少し進むとなぜか雪ねぇが立っていた。

「雪ねぇ？」

「うん。智沙。ここで何してんの？」

「えっ？　何って……修行……」

「はぁ？　何やってんのよ！　アンタ死んでないでしょうが！　もぉ！　帰るよ！」

訳もわからず、雪ねぇに手を引っ張られて階段を下りるあたし。そしてさっきの門番に雪ねぇが事情を話す。

あたしは訳のわからないまま、雪ねぇに手を引かれて最初に渡った川岸まで連れて来られた。

「ここからは一人で行くんだよ？　いい？　行ける？」

「……うん。でも修行はいいの？」

「あのね？　ここ、どこだかわかる？　死後の世界、つまり天国だよ？　さっき智沙が渡ったこの川は俗に言う三途の川だよ。亮が向こうで待ってるから。だから早く帰りな！」

そう言うと雪ねぇはあたしの背中をポンと押した。あたしはまた一人で暗い橋を渡り始めた。

さっきと同じように、また川から人の手が伸びてあたしを引きずり込もうとしてきた。怖い、嫌だ、助けて……。そう叫びながら、必死で橋を渡った。

急いで走っていくと誰かがあたしを呼んでいる声がする。橋の袂《たもと》には亮が手を広げて待っていた。そして亮の腕の中に飛び込んだ瞬間に目が覚めた。

「お帰り」

「……ただいま……亮ちゃん……！」

亮の腕の中はとても温かかった。安心感からか、涙が溢れてきた。

＊＊＊＊＊＊＊

しかし、気になる。一度死んだはずなのに生き返ったということ。その代償は何だろう。

さっきの雪ネエのことも。天使としての能力だろうか？　最近流行の『よみがえり』ってやつだろうか？　肉体は元気だから無理矢理にでも魂を連れてくれば生き返るというのか？　そんな単純なものなのか？

とりあえず、さっき智沙を連れて行ったというその男がまだ近くにいるらしいので浄霊することにする。僕の浄霊経験はただ一度だけ。あの夜、近所の交差点で死んだという血まみれの男を浄霊したこと、それが僕の自信になっていた。霊能力はなくても、霊を天国へ送ってあげるという謙虚な気持ちでその魂を浄化させることはできる。それが浄霊で、それは僕にもできるのだ。おそらく、方法さえ間違っていなければ心の持ち方次第で誰にでもできるだろう。

男を智沙に憑依させる。シュウジと名乗ったその男は、学校へ行きたいと言った。

……俺は何もしていないのに。憎い。憎い。復讐してやる、殺してやる。みんな殺してやる……

……でも、それは間違ってるよ？　痛いだろう？　上へ行けば楽になるよ……

……嫌だ……殺すんだ……殺したいんだ……

……上へ行って、そうして少し落ち着いてからまた来ればいい。だから一度、上へ行くんだ。帰ってきてもまだ憎しみが残っているのなら、俺も協力するから……

……いやだ……いやだ……

……上へ行けば楽になれるから、な。ほら、上へ行く道はちゃんと作ってあげるから。まっすぐ登って行けばいい。なんなら天国まで連れてってあげるから。だから一度、上へ行きな……

……うう……でも……

……辛かったよな。痛かったよな。苦しかったよな……でも、もう大丈夫だからな。

……うう……

……せめて天国への道は示してやるから、行って来い……一人で行けるか？

……うん……おおきに……

……頑張れよ、シュウジ……

……うん……


部屋に結界を張って、まずは鎮魂《ちんこん》のお経を詠み、智沙の体に降霊させる。九呪《くじゅ》を切り、体に封印する。そして必死に説得。それが成功したら般若心経を詠み、封印を解き、智沙の魂を体に戻す。最後にお経を詠み、送り火を灯して天国へと送ってやる。

浄霊なんてそれだけだ。ただ、やはり大切なのは心だ。心そのものである霊に対しては嘘偽りのない自分の心でぶつかるべきなのだろう。

そういえば僕と智沙が互いを傷つけたくないがために本心を言わなかったとき、雪ネエがこんなことを言っていた。

「嘘ばっか上手でさ、本心はいっつも隠してる。そのくせ傷つけあってて、生きてる人間ってホント馬鹿みたい」

三月一三日

夜、いつものように雪ネエが現れる。昨日智沙を救ってくれたお礼に何かしてあげたい、そう思って僕は聞いてみた。何でも一つだけ叶えてあげるから、食べたいもの、行きたいとこ、したいこと、ほしいもの、何でも言ってみな。

「亮がほしいって言ったら?」

「……え? うーん……いいよ」

「亮もホントは私に相手にしてほしかったんじゃないの?」

見慣れた小悪魔の微笑みに誘惑され、またも僕は雪ネエを抱いてしまった。考えれば他にも方法はあっただろう。体が智沙だからいいというのか? あるいはさっきの台詞《せりふ》はただの冗談だったんじゃないのか? 僕は、智沙のことをどうでもいいなんて思ってしまっているのか? そうじゃない。決してそうじゃない。ただ、雪ネエに何か一つだけプレゼ

ントしてあげたかった。お礼をしてあげたかった。だけど、これはあまりにも軽はずみな行為だった。目覚めた智沙は、

「そんなに雪ネエがいいなら雪ネエと付き合えばいいじゃない！」

と言って部屋を飛び出してしまった。僕は深く反省した。そう、ほんの一ヶ月ほど前にもこんなことがあった。僕が雪ネエを抱いてしまい、修羅場になってしまったときだ。小雨が降る夕方だった。もしかして、今度こそ終わりなのか？

＊＊＊＊＊＊＊

亮は雪ねぇを抱いてしまった。あんなに約束したのに……。もう、誰が来ても絶対そんな事はしないと約束したはずなのに……。

正直、裏切られた気持ちでいっぱいだった。悲しすぎて涙も出ない。自分の友達と浮気をされたような気がした。

いや、これは完全に浮気だ！　そう確信したあたしはこの部屋にいるのがたまらなく嫌になって部屋を飛び出した。

あたしじゃ駄目なの？　あたしじゃ不満なの？　あたしは少し考えて、外にいても仕方がな

いと思い直し、部屋に戻った。だけどまともに亮の顔が見れなくなってしまった。部屋に入っても亮の手を握れなくて、握りたくても、傍に寄りたくても素直にはなれなかった。

「智沙……」

「触らないで！」

あたしは亮に背を向けて布団に入った。悲しくて惨めでたまらなかった。

だけどまた意識が遠くなっていくのを感じた。誰かがあたしに入ろうとしている……。

＊＊＊＊＊＊＊

僕は一人で部屋で呆然としていた。そういうときに考えることはひどく後ろ向きで、悪いことばかり浮かんでしまう。しばらくすると智沙が帰ってきたが、すぐに布団に入って横になってしまった。会話できる雰囲気ではなかった。

しかしすぐに智沙は顔を上げた。そこに現れたのは無邪気な沙里奈ちゃんだった。

「亮兄ちゃん？　どうしたの？　お姉ちゃんと喧嘩したの？　ダメだよー」

「ごめんな」

「ママとパパもよく喧嘩してたけどね。いつもパパが謝るんだよ。でもね『ごめんね』は笑って言うんだよってパパは言ってた。謝るのは一回でいいから、心を込めて謝ればいいんだって」

　僕は力なく笑ってみせた。

「ごめんって、笑いながら謝るんだよ。悲しい顔して謝っても、許してくれないんだよ」

「子供のくせに生意気なこというなぁ」

「大人のくせにどうしてわかんないの？　頑張りなよ！　亮兄ちゃん」

　そう言うと沙里奈ちゃんは僕の頬に軽いキスをして、智沙から抜けた。僕は苦笑いを浮かべ、大きくため息をつく。次はなぜかポチが現れた。ポチや沙里奈ちゃんはその無邪気な瞳や表情で判別がつくが、大人が憑依したときはみんな最初は同じように無表情なので誰が誰なのかわからない。

「亮ちゃん。お姉ちゃんと喧嘩したの？　どうして？」

「俺が浮気しちゃったんだよ……それも雪ネエとな」

「ダメじゃん！　亮ちゃんが悪いんだから、ちゃんと謝りなよ！」

「謝ってるよ何度も何度も！　でもいっつも『もういい！　知らない！』って言って許してくれないんだよ！」

「謝り方が悪いんだよ亮ちゃんは。人間のくせになんでわかんないの」

「犬のくせに生意気なことというなよ。わかってるよ、謝り方くらい」

「いいの？　ちゃんとできるの？」

「うるせぇな。飼い主に似て心配性だな、お前は。しかも一言多いぞ」

「頑張れよー！」

　妙に大人ぶるポチ。しかし僕が手の平を上にしてポチの前に出すと、無意識にポチは『お手』をする。

「やだよ亮ちゃん！　条件反射で手ぇ出しちゃうんだよ」

「……頑張ってみるよ。ありがとな。ポチ」

「ううん。大好きだから。亮ちゃんも、お姉ちゃんも」

　さて、次は誰かな？　そう思っていると、次に現れたのは意外な人だった。きょろきょろと辺りを見回し、不機嫌そうな顔をする。僕はその表情に見覚えがあった。

「……健さん……？」

「おっす。久しぶり。最近どう？　元気？」

「元気ですよ……。どこ行ってたんですか？　雪ネエ、寂しがってますよ」

「ははは。カリフォルニアの海でサーフィンしたりバイクで走ったりしてた」

「なんでよりにもよってこんなときに健さんなんだよ……最悪だ……」

「どうした？　言ってみ？　なんか悩んでんのか？」

「智沙と喧嘩……っていうか、俺が悪いことしたんですけど、謝ってるのに聞いてもらえなくて」

「へえ。何したの？」

「……ちょっと」

「何だよ！　言えよ！　この際だからぶっちゃけとけ！　聞いてやるから」

「言ったら健さん絶対怒るから言いません！　殺されるもん！」

「いいから言えよ亮！」

　僕は軽く覚悟を決めた。

「……雪ネエとエッチしました」

　数分間の沈黙。僕にはそれがひどく長い時間に思えた。

「……まあ、雪本人がどんな気持ちでそう言ったのかは知らないけど。俺がほったらかしにしてたのも悪いんだけどね……まあ、後でちゃんと言っとくけどな。でも、雪は現世に関わりすぎてる。まあ、そうだな、亮に対しても本当なら一発二発殴りたい所なんだけど」

「どうぞ。覚悟してます」

殴られる覚悟を決める。智沙の体だ。そんなにひどいパンチは来ないだろう。

「まぁいいや。殴っても解決にならないしな。反省しなきゃダメだ、そうだろ。とりあえずはね……、亮。謝り方の問題だよ。俺も雪とはよく喧嘩したけどね」

そして僕は健さんにまで謝り方を教わった。

目覚めた智沙に、明るく元気に一言、ごめん！　そう謝ってその日は眠った。

三月十四日

眠ろうとしていると、智沙にまた健さんが憑依した。殴られると思った僕はビビって布団から起き上がる。

「なに立ってんの。座りなよ」

「……昨日はすいませんでした！」

いきなり土下座してみるも、健さんはこちらを見ようともしない。

「いいから座れ。昨日のことなんだけど、こっちも相当喧嘩したよ。本人にもきつく言ったといたしね。それでね？　俺なりに復讐を考えたんだけどいいかな」

「……煮るなり焼くなり好きにどうぞ」

「言ったな。わかった。好きにやらせてもらうよ。多分、相当辛いよ。俺がやられたら一番辛いことを考えてみたんだけどさ。覚悟しといてね。じゃあな」

それだけ言うと健さんは消えた。智沙の体には次にポチが現れた。いつものように背中を撫でて遊んであげていたが、突然胸を押さえて苦しみ出す。

「亮ちゃん……心臓が痛いよ……助けてよ……」

「ポチ！　ポチっ！　どうした?!」

「亮ちゃん、痛いよう、痛いよ……」

ポチは必死に僕にしがみつく。そして一分ほど経つと意識を失った。

次は沙里奈ちゃんが現れた。

「亮兄ちゃん？　どうしたの、怖い顔して」

「沙里奈ちゃん。いいから出てって。早く、出てってよ！」

「どうした……の……痛い……痛い……痛いよ、亮兄ちゃん……」

「沙里奈ちゃん！」

「痛いよぅ……痛い……ママぁ……ママ……助けて……」

ポチと同じように、沙里奈ちゃんもそのまま意識を失った。次に現れたのは僕のばあちゃんだった。

「ばあちゃん？　ねえ、何も言わずに今はちょっと出てってよ。ポチと沙里奈ちゃんが……」

「ん？　ポチならここに寝とるぞ。どうした？」

話をする間もなく、ばあちゃんも胸を押さえて苦しみ始めた。そしてまた数十秒で意識を失う。その次は智沙のおばあさん。おじいさんと仲良くやってますか、と言いかけたところでおばあさんも苦しみ始め、意識を失った。さらに次は智沙のおじいさんだった。普段は滅多に来ないおじいさんでさえ、「ばあさんを知らんか？」と言って智沙に憑依してきた。そして、その直前に起こったことを何も知らなかった。みんなが苦しんで倒れていったことを何も知らなかった。まるで無理矢理憑依させられているかのようだった。

そして同じように、久美子さんも、加奈子も。さらに雪ネエも。

皆、心臓が痛いと言って苦しみ続けた。

「健……やめて……ごめんなさい……ごめんなさい……」

苦しみ悶える雪ネエを見て、僕はその恐怖に自分が壊れそうになるのを感じた。でも、ここでしっかりしなきゃいけないのは他ならぬ僕だ。霊感がない僕だけは何があっても安全なのだ。冷静に、冷静に。何かできることはないのか。何かしなきゃ、早く何かしなきゃ、みんなが……。みんなが行ってしまう。向こうへ逝《い》ってしまう！

「健やめて……私……死にたくないよ……二回も死にたくない……亮、たすけ……」

雪ネエもまた、何もできずにその呪いの中で倒れていった。全員が苦しんで倒れていった。

＊＊＊＊＊＊＊

気がつくとまた川を渡ったところにある神殿に来ていた。今度は階段を上るのではなく、神殿の付近をふらふらと歩いていた。以前とは違って今度は誰もいない。雪ねぇも、加奈子も、祖父母も誰もいなかった。前に来たときは神殿の中に役人がいたはずなのにその人達もいない。不思議に思って歩いていると突然目の前が真っ暗になった。

目が覚めるとベッドの横にはポチや沙里奈ちゃんなど、今まで部屋にいた人達がぐったりとして倒れていた。そして次の瞬間、いきなり心臓が締め付けられた。苦しくて息ができない。どうしていいかもわからなくて必死で亮の名前を呼んだ。でも、声が出なかった。

死にたくない！　こんな形で死にたくない……！　しかし、あたしはそのまま意識を失ってしまった。

＊＊＊＊＊＊＊

智沙が倒れた後、再び健さんが現れた。

「もう誰も起きないから。一人ぼっちだよ。せいぜい頑張りな。じゃあな」

僕は何度も何度もごめんなさいと言った。一生分謝った気がした。それでも足りないというのか。死者への償《つぐな》いは……死をもってでしか、なせないのだろうか。僕には何もできないのだろうか。

意外にも、すぐに智沙は目を覚ました。しかしその意識は、今までの智沙のそれではなかった。その人が誰であるかは僕には関係なかった。

「何処から来たの？　智沙は？　みんなは？　っていうかあなたは？」

その人は無表情で答えた。

「天国から来たの。この人の体が空いたから。使っていいって言われたよ。順番に並んでたの。ねえ、あなたは誰？　この人は？」

「あなたは智沙の体を使ってるんだよ。僕は恋人の亮だよ。で、智沙は？」

「私はマミ。三六歳くらいで死んだの。もう何十年も順番とりに並んでたのよ。やっと体をもらえた……。ああ、生きてるんだ……。あはっ。凄いよ。生きてるよ。あ、ごめん。ところでここは亮さんの部屋なの？」

「そうだよ。智沙と一緒に暮らしてるんだ。智沙はどこ？」

「わかんないよ。でも、お坊さんみたいな人に分厚い本貰ってた。それもらって、階段を上がってくの。道徳とか、向こうのこととか天国のこととかを勉強するんだよ」

「連れてきてよ……」

「え？」

「いいから連れてこいよ！」

そこで僕はハッとして、布団の横で倒れている皆について尋ねてみた。僕には見えないが、みんなは無事なのだろうか。マミさんはそれを見てキャッと驚いた。

「え？　この人たちは何？　みんな死んでるよ」

「死んでる？　霊なのに？」

……魂の死、その意味。そして、マミさんの言い方や考え方の中に窺《うかが》える残酷さ。

「死んだら別にほっときゃいいじゃん。もうこの体は私が貰うって決まってるんだから」

生きることや死ぬこと、その考え方の違いを感じ、僕は今まで自分がしてきたことをひどく後悔した。安易に霊に関わってはいけなかった。それは間違いだった。たとえ守護霊であっても、友達でも、安らかであることを願い祈っていればそれでよかったんだ。見えないからよかったんだ。関わらないからよかったんだ。

しかしここで諦めるわけにはいかない。『いいから連れて来い』そう強く言い聞かせるとマミさんは仕方なさそうに戻っていった。それから数分間、智沙の体は魂がないという状態が続いた。

＊＊＊＊＊＊＊

気がつくとまたあの神殿が目の前に見えていた。あたしはあのときのように階段を上り始めた。

（あぁ、また天国に来ちゃったんだ……。今度こそあたしは死んじゃったんだろうなぁ）

そう思うと急に悲しくなり、涙が溢れてきた。

一人で泣きながら歩いていると雪ねぇが前から歩いてきた。

「もう大丈夫。みんなも大丈夫だから。智沙は死んでなんかいないんだよ。戻ろう。亮も待ってるよ」

雪ねぇはそう言うと一緒に橋の袂《たもと》まで来てくれた。

「いい？　今から一度亮のところに連れて行くから。でも少し話したらまたここに戻っちゃうかもしれない。そのときはもう一度この橋を渡って……。

それと守護霊なんだから私は現世にはもう存在しないんだよ。それはわかるよね？　でも智沙が困ってるとき、私が助けるのは当たり前なの。それが私の仕事なんだから」

雪ねぇはそう言うとふっと消えてしまった。

＊＊＊＊＊＊＊

次に起きたのは雪ネエだった。

「亮、おはよう。みんな平気だから。でも、もう智沙は行っちゃったよ」

「雪ネエ。無事だったの？」

「うん。なんとかね……。すぐにみんな起きると思うよ。それでさ、智沙のことなんだけど……」

「いいから連れてきて」

「え？」

「何でもいいから連れてきてよ！」

「連れてくることはできるけど、一時的なものだよ。一度あの神殿まで行っちゃったら魂が不安定になるの。それを引き止められるかどうかは、亮次第なんだからね」

「ごめん……雪ネエ。ありがとう」

「これからはお礼とか、いらないからね。私は智沙の守護霊なんだから」

雪ネエは智沙を探しに行ってくれた。しばらくして智沙が起きた。

＊＊＊＊＊＊＊

気がつくと部屋のベッドだった。あたしは亮に膝枕されて眠っていたようだ。

「亮ちゃん……。あのね、さっき行ったトコはね、川のずっと先で、大きな神殿みたいなところがあって、そこにいる人はみんな階段を上ってくの。こんなに分厚い本をもらって……それで……」

あたしは思い出していた。七、八センチほどの分厚い本だった。それを一ページもめくらずに抱えていた。その本を読んではいけない気がした。

「亮ちゃん、今までありがとう。ごめんね……」

「智沙、ひとつだけ言うこと聞いて」

「何？」

「結婚しよう。だから戻ってきて」

亮は少し涙目で、そう言った。

結婚――。それはある意味、現世への未練みたいなものなのだろうか。そうなったらそれを叶えたいと思ってきっとこの場所に戻れるはず。いや、戻ってきてみせる。

「……頑張る。あたし、頑張るから」

「頑張れ」

あたし達はそっとキスをした。その余韻《よいん》に浸る間もなく、また意識が遠のく。約束を果たすためにも、あたしはもっと強くならなきゃ。ここへ帰ってこなきゃ……。

気が付くと、またあの川岸にあたしは立っていた。しかし今度はもう渡るのも怖くない。一見、向こう岸は汚く見えるけれど、向こうにはあたしの友達も両親も、そして亮も待っていてくれる。そう思ったらもう、何も怖くなくなった。

神殿の方を振り返ると雪ねぇが立っていた。

「こっちにはまだ来ちゃいけないってこと、わかったでしょ？」

　まだ死ねない。やり残したことも未練も沢山残っている現世からは、まだ離れられない。

「あたし、まだこっちには来れない。来たくないよ」

「わかってるよ。だから戻ろう。一緒に行ってあげるから」

　雪ねぇに手を引かれて橋まで行った。あたし達はその橋を一歩一歩ゆっくりと歩き始めた。現世への思いを込めながら、ゆっくりと……。

　橋を渡り終わった瞬間、あたしはいつもの部屋のベッドに横になっていた。いつもどおりの笑顔で亮が迎えてくれた。

「おかえり」

「ただいま」

「一人で勝手に行くなよ、馬鹿」

「ごめんね」

　そんな他愛もない言葉を交わしてキスをした。生きてにいられる事がどんなに幸せか、改めてわかった気がした。でも今回の件であたしが思ったこと、それはこの霊感をなくしてしまいたいという気持ちだった。あっちのみんなに会えなくなるのはちょっと寂しいけれど、でもこうやってまた同じようなことが起こるとなったら嫌だ。

でもどうしたらいいの？　健さんが納得するまでこんな事が続いていたら正直、体ももたないかもしれない。

＊＊＊＊＊＊＊＊

それにしても、だ。全員を殺すことができる健さんは、悪霊化していた時の雪ネエよりもずっと怖い。そして九回分の死を経験した智沙の体にも、きっと尋常じゃない負担がかかっているはずだ。

せめて僕に霊感があれば……そんなことを思い始めた。霊感があればなんとかできるかもしれないのに。

僕の浄霊力では健さんを浄霊することはできないと思う。通りすがりの悪霊に対しては可能だとしても、僕のことを知っている健さんが僕の説得で上へ行く気になるとは思えない。僕より強いということを知っている健さんだから……正直……怖い。

そしてその復讐。僕への復讐だ。雪ネエと浮気じみた関係を持ってしまった僕を突き落とすために、僕の周りの人を、大切な人を傷つけていくこと。それは……許せない。愛する雪ネエでさえその手にかけることができるなんて、それが信じられない。やはり『死』

についての考え方そのものが違い、死とは恐怖などではなく、ただの日常の一部なのだろう。

こんなことで終わりだとは到底思えない。きっと健さんも凶変し、自分が抑《おさ》えられなくなってしまったのだ。どうにかしなくては……でも、どうすればいいんだ。

＊＊＊＊＊＊＊

三月一五日

その日、あたしは健さんと少しだけ話をした。あたしも被害者だから、みんなの気持ちもわかる。だからこそ健さんと話をしたかった。

「健さん。あたしもある意味で被害者なんですよ。浮気されたのはあたしも同じです。だから健さんの気持ちもわかるし。他にも色々方法はあるだろうからこういうことはやめましょうよ」

でも健さんは怖い笑い方をしてこう言った。

「生きていればその次があるって思えるけど、こっちにいるとそういう考えはできないんだよ」

「でも雪ねぇは一緒にいたいって言ってましたよ」

「そうかもしれないけどね。手に入る幸せは、死んでしまった以上は限られてくるからね」

　健さんはやりきれない思いをあたしや亮にぶつけているのだろう。でもはっきり言ってあたしも迷惑なのだ。訳がわからないうちにあたしの体に入ってきて皆好き勝手していく。しかも人の幸せを壊していく場合もある。亮とだって喧嘩なんかしたくないのに、霊たちは喧嘩の原因になるような事をしていったり、亮やあたしを苦しめていったり。散々荒らしていってみんな平気な顔をしている。なんて迷惑なことだ。でも健さんは、

「だから、幸せなんて言わないでくれ」

　その言葉を聞いて、あたしは何だか胸が締め付けられた。

＊＊＊＊＊＊＊＊＊

　その夜、寝ようとしていると、不意に雪ネエが現れた。

「亮。昨日はごめんね」

「いや、いいから。俺の方こそ、ごめん。痛い思いさせちゃって。みんなにも……」

「あの後、健と白浜の海に行ってたの。サーファーが沢山いたよ。でね、健が『ちょっと

イタズラしてやろっかな』なんて笑いながら海に入っていって、波を大きくしたりちょっと足引っ張ったりしてたんだけど。それは別にいいんだ。でも急に怖い顔に変わったの。凄い怖い笑い方にね。それからサーファー達をどんどん沈めていったの。私は怖くて何もできなかった。それで……ね、そのまま死んじゃった人もいたんだ。私、怖くなってこっち来ちゃったんだけど……」

「事故だよ。事故。偶然だよ……」

「それでも私、健のこと嫌いになんてなれないの。ひどいことされても」

「うん。それで十分だよ。もし健さんのこと止められるとしたら雪ネエしかいないんだから」

「ごめんね……」

「好きって言ってあげて。愛してるって」

「うん……」

雪ネエは力なくそう答え、消えてしまった。その直後、健さんが現れた。

「……よう……亮。元気？　どうした？」

「いや、別に」

そのとき僕の体は、自分でも不思議なくらいガクガクと震えていた。気持ちはいたって冷静だったはずなのに、寒くもないのに、全身が震えて止まらなかった。

「あー。あゆか……」

　そのとき、部屋には浜崎あゆみの曲が流れていた。バラードのアルバムだ。健さんはいたって普通に僕に話しかけた。

「恥ずかしいんだけどさ、実はね。あゆは全部持ってんだ。前に友達に聞かせてもらったことがあってさ。そのときまではどうせギャルの歌だろうって思って馬鹿にしてたんだけどさ。ちゃんと歌詞とか見て聴いてみたら意外と共感できる部分が多くて、それから好きになったたね」

「ああ、俺もそうですよ。智沙に聞かされて、それからあゆ聞くようになったんですよ」

「……亮？　どうした？　震えてるぞ」

「いや、何でも……大丈夫です」

「そうか……」

　僕が震えているまま、しばらく時間が経った。健さんは無言で天井を見つめていた。

「健さん、智沙に代わってもらえますか」

「嫌だって言ったら？」

「それでもお願いします。なんか震え止まんねぇし。健さんと手ぇつないで寝るわけにはいかないでしょ」

「そういやそうだな。じゃあ代わる。あ、あとね、もう一つ考えたんだけどさ」

「はい？」

「いいや。あとで」

「……ごめんなさい！　すいませんでした！」

「いいから。わかったから」

　何かを言いかけたまま、健さんは消えた。そしてやっと智沙が目を覚ます。

「亮ちゃん？　震えてるよ……どうしたの」

「いや、大丈夫。大丈夫なんだけど……勝手に震えるんだ」

　そっと智沙と抱き合い、気持ちを落ち着かせる。そしていま雪ネエから聞いた水難事故の話を智沙に告げてみた。事故だったんだよね、そう、ただの事故だよ。運が悪かっただけだよ、ね……。

　しかし次の瞬間、智沙は頭を抱えるようにしてうずくまった。

＊＊＊＊＊＊＊＊＊

突然物凄い耳鳴りがして、ぷつっと音がとぎれてしまった。一瞬にして周りが無音状態になった。音が聞こえない。おかしい。一時的なものだろうか。ただの耳鳴りか何かだろう。しばらくしたら治るはず。そんな風に思ったがとりあえず今かけているコンポの音量を上げてみた。もしかしたら聴こえるかもしれない、耳が遠くなっているだけかもしれない、そう思ったあたしは、必死で音量を上げていく。途中で亮がリモコンを取り上げ、ボリュームを下げ始めた。うるさいと言わんばかりの怖い顔で。

聞こえない……。何も聞こえない。何で？　急に……。目は見えるのに、聞こえないだけで不安になってくる。聞こえないだけで真っ暗闇にいるような感覚が襲ってくる。もう二度と聞こえないのだろうか。だとしたら、もうカラオケも行けない。音楽も、楽器も演奏できない。音がない生活なんて……。そんな人生は嫌だ。楽器は、というより音楽はあたしにとってとても大事で、それを今ここで諦めろと言っているのだろうか。この先、もしも夢が叶わないとしても、諦めるなんて、そんなことは絶対できない。でも……。聞こえないんじゃどうしようもない。やりきれない思いが自分の心を締め付けていく。

（もう嫌だ……このまま一生聞こえないなら楽器も壊しちゃおう。使えないようにしちゃえば諦められるかもしれない）

あたしはおもむろに自分の楽器を手に取り、床に投げつけて壊そうとした。音が聴こえないなら、楽器が二度と演奏できないのなら、音楽という楽しみを味わえないならもう何もいらない。そう思った。もう死んでもいい、本気でそう思った。もう好きな楽器も吹けない、大好きなミスチルの曲も聴けない。あゆも聴けない。そして何より、亮の声も聴けない……。

音楽というもの、いや、音という、あたしの人生の中心にあるものがあたしの中から消えてなくなってしまった。もう二度と聴くことはできないのだろうか。亮にも今のあたしの状態がわかっているだろう。でも心配はさせたくない。あたしは必死で笑って見せた。あたしは大丈夫。そう言い聞かせて笑顔を作った。笑わなきゃ。亮もあたしに気を使い、明るく振舞っている。自分でもその顔が引きつっていることはわかっていた。それでもお互いがお互いを気遣い、あたし達は笑顔を作った。あたしにとって音楽がどれだけ大事なものなのか、亮はよく知っているはずだから余計にいたたまれないといった顔をしている。

****

うぅうぅと言葉にならない嗚咽《おえつ》を漏《も》らしながら必死に暴れようとする智沙。久美子さんもそうだったが、聞こえないことはつまり喋れないことでもあるのだ。必死に作り笑いをする智沙を見るのは、とても辛いことだった。

会話は無理だった。智沙の声といえば本人も気付かずに漏らしている嗚咽だけだ。健さんの僕に対する復讐の続き……それは、僕の大切なものを壊すことだった。殺すことができないのなら絶望の中で生きていけ、そういう意味なのか。智沙が一番大切にしているもの、それは音楽だ。それを失わせるということは間接的に（智沙にとっては直接的にだが）死ねと言ってるようなもので、逆に言えば自分は殺さないけど、死ぬなら自分で死になと言っているようなものだった。

部屋にはあゆの曲が流れ続けている。僕は無言で智沙を抱きしめた。不意に智沙は気を失った。次に現れた人は、智沙の携帯でメールを打ち始める。そこからメールによる筆談が始まった。

『ゆきだよ』

必然的に僕もメールで会話をすることになる。今は喋れないことではなく、聞こえないことが厄介だった。

『久美子さんのときみたいに治せないかな』

『無理。私が治せるのはこっちにいる人だけなの』

『それでも、体自体に傷がついて耳が聞こえなくなってるんじゃないんだし。精神的なものだと思うよ』

『健が何をしたのかは知らないけど、直接憑依してやったことなんだから、もしかしたら鼓膜《こまく》とか、もっと重大なところまで達してるかもしれない』

『無理なの？』

『ごめんね』

『謝らないで』

『ごめんなさい。私のせいで健がこんなことして』

『健さんは今この部屋にいるの？』

『いない。今みんなで探してるけど、見つからないと思う。ポチは鼻が役に立つって張り切ってたけどね。私の勘だけど、多分お釈迦様のいる神殿に行っちゃったんだと思うよ。だから見つからないと思うんだ』

僕はため息をつき、頷《うなず》いた。

『階段があって、神殿みたいなのがあるの。お釈迦様に会うために勉強して修行するところだから、入っちゃったら帰って来れない。階段を下りることはできないの』

「じゃあどうすればいいんだよ！」

つい大きな声を出してしまった。きっとこの声も、今は届かないのだろうけれど。

『亮、ごめんなさい』

『だから謝らないで。智沙に代わって。ありがとう雪ネエ。できれば健さんの近くにいてあげて』

『うん。でも、智沙のことなんだけど』

『何？』

『あの子、今はなんとか保ってるけど、もうすぐ笑うことも泣くこともできなくなると思う。心が壊れちゃうと思う。でも亮がしっかりしなくちゃだめなんだよ』

『わかってるよ。ありがと。代わって』

雪ネエは再び智沙に代わった。曲が智沙の大好きな『Who…』に変わった頃、僕は手で智沙の体をトントンと叩き、リズムを取ってみせた。そういえばかつて凶変した雪ネエもこの曲を聴くことで一時的に元に戻った。その奇跡にもう一度賭けることはできないだろうか。

どうにかして、この歌をもう一度聴かせたい。届けたい。しかしそのメロディも、僕の声も、智沙にはもう……届かないんじゃないのか？

三月一六日

この日もいつもと同じように、朝が来た。しかしいつもと違うところが一つだけあった。目覚めても智沙の耳は聞こえないままだった。悪夢はまだ終わっていなかった。僕は何かを言葉で伝えようとして、必死に大きく口を開けて単語を並べてみた。部屋の掃除をしよう、そんな一言でさえ口では告げることができないのだ。結局、筆談になってしまう。

智沙はそれでも笑顔を作ってみせた。

『久美子さんの気持ちがわかったよ』『手話覚えようね』『掃除終わったら行きたいところあるんだけど』『あたしは大丈夫だから』……。

明るく振舞う智沙を見て僕は何を言っていいかわからず、ただため息を隠すことしかできなかった。

テレビを見ながら不意に名前を呼んでも、智沙は振り返らない。僕に気付かないまま、音のないテレビを見ている。何を考えているんだろう。僕は何をしてあげられるんだろう。平凡な日常というものがなによりも幸せであることを改めて感じた。朝のニュースを見ながら、よく二人で行ったカラオケを思い出した。もう智沙の歌声を聴くことはできないのだろうか。そう思った瞬間、涙がこぼれた。なぜか僕の頭の中で、智沙の好きなミスチルの歌が流れていた。

　普通の会話はできなくとも、なぜか智沙はひそひそ話をすることはできた。喉を使わない話し方ならば可能ということだろう。それで十分だと思った。智沙が発する一言一句を全て注意して聞いた。日曜の午後のそういった他愛のない会話が、幸せそのものに思えた。

　部屋の掃除が終わって、午後から公園へ出かけた。立川にある昭和記念公園、そこで自転車を借りて公園内を周る。そしてコンビニで買っておいたおにぎりで昼食をとり、軽い運動をしようとバドミントンを始めた。

　汗を拭うくらいに動き回った頃、不意の突風で羽根が飛んでいった。智沙はそれを追いかける。僕はそのとき、智沙は耳が聞こえないということをすっかり忘れて普通に接していた。

「あ。ごめんっ！」

　頭上を羽根が飛んでいく。風に乗り、それは木の枝に引っ掛かった。

　智沙は背伸びをしながらラケットで枝を叩き、羽根を地面に落とした。それを拾い、また僕の方へ打とうとする。しかし智沙はその手を止め、あれ？　という表情で自分の喉《のど》に手を当てた。

「え？　どうした？　智沙」

「り、亮ちゃん……！　もしかして、治ったかも」

原因はわからなかった。

「亮ちゃん、喋れるよ！」

それもまた奇跡だった。誰かが助けてくれたのだろうか。それとも呪いが解けたのだろうか。僕にはどちらでもよかった。智沙のところまで走り、抱きしめてキスをした。

「普通に聞こえたり喋ったりできることは凄いことなんだね」

「ああ……。よかった……」

「うん。ごめんね」

「何で謝んの？」

「心配かけさせちゃってごめん」

この一連のトラブルで教わったことは幾つかある。それは主に僕の『幸せ』の捉え方に関するものなのだが、何を持っているから幸せだとか、何を持ってないから不幸せだとか、綺麗な服とか美味しい食事とかいい車とかいいマンションとか、そういう装飾品を一つずつなくしていって、次に自分が基本的に持っているもの、つまり目が見えること、耳が聞こえること、歩けることなど自分にそなわっているものの全てをなくしていったとき、最後に残る幸せの構成要素はやはり『生きていること』なのだと、そう思えるようになったことだ。

　僕はまた自分の小ささを知った。幸せになるために生きる以前に、普通に生きていられること自体が幸せであるということ。だけどそれに気付けただけで、僕は自分が少し大きくなれた気がした。同時に思うことは、これは偉そうに思われると心外なんだけど、世の中には、普通に生きていながら絶えず幸せを求めて右往左往している人がいっぱいいるということだ。

　そしてもう一つ。それは人の心の強さだ。魂そのもの、心そのものである霊だからこそ、心の力をよく知っている。そして霊が肉体を持ったときに起こせる奇跡や呪いは、おそらくは本来誰もが持っているもののはず。催眠術にも似たその力は、全て心の在り方次第なのだろう。耳を聞こえなくすること、心臓を止めること、それさえも自分がそうしたいと思うから自分の体に起こせる現象なのだ。遠隔操作《えんかくそうさ》でそんなことをできる存在なんていやしない。もしそんな存在がいるとすれば、それは天使や悪魔を超えたもの。僕は霊は信じてもそれを信じない。そのくせ困ったときはいつだって心の中で頼ってしまう、神様なんてものなのかもしれない。雪ネエのときも健さんのときも、智沙に憑依した状態でその呪いを生み出していたのだ。

多分この先も、呪いとの闘いは続いていく。天使にも止められない程の呪いがもしも僕らを襲ったとしたら、僕は、神様や仏様に祈る以外に、たとえ悪魔と契約したとしても、この幸せを守ろうと思うだろう。

第四章

公園から帰ってきた日曜の夜、智沙が再び聴力を失ってしまった。これは本格的に手話を覚えなきゃなぁと思った。雪ネエの話では健さんはまだ怒っているらしい。しかし何も見えない僕には智沙の恐怖をわかってあげることさえできないのだった。とりあえずお経を詠むも、何の変化もない。次は本格的に浄霊を試みる。

儀式の最中も、智沙に憑依した健さんはずっと僕を睨んでいるだけだった。

……勝てない。通りすがりの悪霊なら僕でも浄霊できるけれど、僕のことも智沙のことも全て知っている健さんだ。結界を張っても九呪《くじゅ》を切ってもお経を詠んでもまるで通用せず、そんなことをしても無駄だよとあざ笑うかのように僕を睨み付けるだけだった。これはまずい。僕は今度は平謝り作戦に出た。ごめんなさい、許してください、ごめんなさい……。誠心誠意、徹頭徹尾《てっとうてつび》謝っても、健さんは何も言わずに僕を睨んでいた。

「こんなもんじゃないからね」

浄霊の儀式の最後になってやっと発した一言がそれだった。そして健さんは悪魔のような笑みを浮かべたまま目を閉じ、そっと智沙と入れ代わった。

「智沙！　智沙っ！　大丈夫？　治った？」

目を覚ました智沙の肩を揺すって呼びかけてみる。智沙はキョトンとした顔で何度も頷《うなず》く。

「よかった……」

　そう言って抱きしめる僕に、智沙は小さく呟いた。

「お兄ちゃん、誰？」

三月一七日

「誰って……？　何言ってんの？　智沙だよね？　よそのお化けじゃないよね？」

「ちぃちゃんだよ。お兄ちゃんは誰？　ここはどこ？　お母さんは？」

　智沙は子供のような表情で部屋をキョロキョロと見回す。僕には何が起きているのかがまるでわからなかった。

「えっと、智沙ちゃん？　永田智沙ちゃんだよね？」

「そうだよ」

「俺の名前は亮っていうの。今は智沙ちゃんのお父さんとお母さんに頼まれて、智沙ちゃんを預かってるんだよ。忘れちゃったの？」

とりあえずそういうことにしておく。親戚のお兄ちゃんだと名乗るが、なんだか情けない。

「ところで智沙ちゃんはいくつなの？」

「五歳だよー。四月からね、小学校に行くの」

なんてことだ。

僕は正直、もう終わりだと思った。このままの状態で呪いが解けたとしても、もしかして五歳から人生をやり直さなければならないのか？　二二歳の今に戻った頃には、きっとそれは僕の知らない別の智沙になっているのだろう。そのとき僕はもう四十路だ。智沙の体も同じだ。

……というかこの先、僕が智沙を育てるのか？　どうするんだ？　他の人にはどう説明すればいいんだ？　それにしても幼児退行……こうなってしまっては、一連のことを全て智沙の両親に説明するしかない。どうせ信じてなんかくれないだろう。しかし全ては事実だ。それより……よりにもよって五歳だと？　せめてもう少し話のわかる、小学校低学年くらいにして欲しかった。いや、同じか。この全てがおよそ絶望という言葉で説明できるという点においてそれは同じだ。

僕の目の前にいつもの智沙がいないという点においても、全てが同じだった。

「お兄ちゃん？　やだよ！　おうちに帰りたいよ！」

僕が混乱しかけていると、智沙は大きな声でそう言って僕の思考を妨げた。

「今日はお母さんもお父さんもいないの！　だから俺と一緒にいるんだよ。ね？　もう遅いから寝ようよ」

「やーだぁ。眠くないー」

「いい子だから寝るの！　早く寝ないとお化けが出ちゃうよ」

「いやぁ！　お化け怖いの！　寝るー」

早く朝が来ればいい。寝れば治るだろうと思い、とりあえず布団に入るも、智沙は何もないところに手を伸ばして動かしていた。

「何してるの？」

「ワンワンがいるよ。あはっ。手を舐められたの」

おそらくポチだろう。早く寝かせようとしてくれているのだろうか？

……午前三時ごろ、僕は眠れなくて布団から起きてみた。試しに智沙を揺り起こしてみるも、やはりまだ五歳の智沙のままだった。

「亮兄ちゃん？　まだ眠いよ……寝ようよ」

もしかして、ずっとこのままなのだろうか。

「ああ、ごめん。寝ようか。おやすみ」

「おやすみなさーい」


その夜、僕はずっと智沙の寝顔を見ながら手を握っていた。


明日はバイトに行かなきゃいけないのに……でもこのまま放っておいたらどうなるかわからないし……だからって雪ネエに代わりに入ってもらって留守番してもらうわけにもいかないし……僕が雪ネエと親しくしてたらまた健さんが怒るだろうし……もう誰にも頼れないよ……ああもう、何でこうなっちまうんだよ……ポチに代わってもらうわけにもなおさらいかねぇし……最悪だ……。

再び混乱しそうになった。僕は眠いのに眠れなかった。心臓がやけにドキドキしていた。

少しだけ横になってから、なぜか妙に気になったので部屋のキャンドルをつけてみた。風もないのに激しく揺れる炎は、そこに霊がいる証拠だ。その炎を見つめながら、皆の名前を呼んでいく。雪ネエ、健さん、ばあちゃん、ポチ、加奈子……誰がそこにいるの？

いたらちょっと智沙に入ってみてよ。

智沙の体が一瞬だけガクッと動く。まるで階段から落ちる夢を見ていたかのようだ。そしてゆっくりと目を開ける。大丈夫そうだ。今までに見たことのある表情。そう、きっと加奈子だ。

「加奈子？」

呼びかけてみるが、目をぱちぱちさせるだけで何も答えない。しかしその智沙は口ぱくで僕の名を呼んでいるようだった。

試しに携帯を渡してみると、彼女はもの凄い速さでメールを打った。

『加奈子だよ』

僕は身振り手振りで耳が聞こえないのか、とたずねた。

『聞こえない。体が調子悪いよ。亮、大丈夫？』

僕もメールを打って返事をする。

『俺は大丈夫。智沙は平気かなぁ？　加奈子も大丈夫だった？　健さんに痛いことされちゃったよね。ごめんね』

『いいから。それより、もしかして全部自分のせいだとか思ってない？』

僕は深く頭を下げた。

『ふざけんな！』

加奈子は僕の頭を軽く叩いた。

「え。何？　加奈子」

『今は自分のせいだって思って責めてる場合じゃないの。ちょっと私の話していい？』

頷くまでもなく、加奈子はメールを打ち進まくる。

『智沙の耳が変になったとき、私も健さんに言いに行ったの。もうやめてって。やりすぎじゃないのかって。雪ネエだって悪気があったわけじゃないんだからって。健さんは「悪気がないなら余計にたちが悪い」って言って、また私を苦しめようとしてきた。そしたら不意に消えたんだけど、私はちょっと気になって雄太の様子を見に行ったの。そしたらね』

「……どうした？」

加奈子は涙を浮かべながらボタンを押しまくる。

『雄太がすごい熱を出して寝込んじゃったの。パパは智沙と同じように、ていうかもっとひどくて、そのうえ記憶が二歳児になってた。私にはどうすることもできなくて』

加奈子を抱きしめる。僕も思わず涙が溢れた。僕のせいだとかごめんとか、そう思ってもそれはいま一番言ってはいけない言葉のような気がした。

『智沙はどうなると思う？』

『たぶん記憶は戻らないと思う。健さんが許さない限りはね』

『智沙に代わって？　今の……今の智沙はそこにいる？』

　加奈子は自分の胸をとんとんと叩いた。

『いるけど、感覚がないよ』

『いいから』

『わかった。じゃあ代わるね』

「……本当に感謝してるよ。雪ネエもそうだけど、みんなには世話になりっぱなしだな」

『亮？　なに？』

『ごめんな。それと、ありがとう』

『がんばんなよ。私は味方だからね』

『人妻、いや母親は強いな』

『ううん。誰でも強くなれる』

　しばらくすると智沙が目を覚ましたようだった。口ぱくで「亮ちゃん」といつものように呼んでくれる。僕は智沙の手を握り、髪を撫でながら大丈夫だよと呟いた。何も聞こえなくても、大丈夫。加奈子も雪ネエも、みんなついてるから。きっとすぐに治るよ。大丈夫。大丈夫だよ……。

そう言いながらも、僕はそれを自分に言い聞かせているように感じていた。

そうして膝枕をしていると、智沙は手で僕の顔を撫ではじめた。

「智沙？　どうした？」

僕を見ているはずのその瞳は、きょろきょろと動いて何かを探しているようだった。

「まさか、智沙？」

智沙は僕の手の平を、人差し指でゆっくりとなぞった。僕はすぐにそれが文字であることに気付いた。

『リ　ヨ　ウ　チ　ヤ　ン』

僕は最悪のことを思い浮かべた。同時に涙がこぼれた。智沙は虚ろな表情のまま僕の手の平に文字を綴《つづ》っていった。

『メ　ガ　ミ　エ　ナ　イ』

智沙は続けた。

『メ　モ　ミ　エ　ナ　イ　シ　ミ　ミ　モ　キ　コ　エ　ナ　イ』

見えない、聞こえない、しゃべれない……それはまるで、と思うまでもなく、

『ヘ　レ　ン　ケ　ラ　ー　ミ　タ　イ』

僕は自分の無力さを思い知った。

『リ　ヨ　ウ　チ　ヤ　ン　ア　タ　シ　ノ　コ　ト　キ　ラ　イ　ニ　ナ　ル　？』

「そんなわけないよ！　何がどうなっても変わらないから……」

そう言いたくても、どう伝えていいのかわからなかった。智沙は無表情なまま僕の顔を撫で、そっと唇に触れた。

ゆっくりと顔を持ち上げ、キスをしようとする。こんな悲しいキスは初めてだった。僕は何も言えないまま、智沙を眠らせることにした。そう、目覚めればきっと治ってるはず。悪い夢なら朝になれば終わるから。

智沙に腕枕をしてなんとか眠らせた後、長崎の久留実さんにメールを打った。応急処置的な除霊法はありますか？　久留実さんの答えは、九呪を切ることだった。僕は今までそれを見よう見まねでやっていたが、最後の気の入れ方が間違っていたようだ。

朝になって智沙が目覚めた頃、その方法を試してみる。何度も気を入れていると、突然智沙の表情が変わった。

「……聞こえるかも。喋れるよ？」

僕はそのまま続けた。

「目も治ったみたいよ！　亮ちゃん！　ありがとうっ」

智沙の呪いが解けた頃には僕はもうバイトが始まる時間だった。しかしこの日は念のために風邪を引いたと言って休むことにする。今の智沙は、いつどこでどうなるのかもわからない。殺されることはないだろうけれど、きっと本人が死にたくなっていくだろう。そして、健さんの呪いもまだ終わってはいないはず。なぜなら、感覚が戻った智沙がこう言ったからだ。

「健さんはまだそこにいるよ。怖い顔して睨んでる」

昨日は耳が聞こえなくなっただけで、もう生きていくことさえ困難かと思った。しかし、目も耳も機能しなくなっても、なんとかコミュニケーションは取れる。僕はこのとき、生きていることそれ自体がどれほど幸せですごいことなのかをあらためて実感した。

昼前になって、智沙がいきなり僕にしがみついた。

「誰か来るよ……」

　最近はそう言って無理矢理意識のスイッチを切られることが多くなっている。目を開けた智沙は無言で僕を睨みつけていた。

「健さん？　健さんですよね？」

　おそらくは健さんだろう、その睨み方には見覚えがあった。

「ごめんなさい！」

　深々と頭を下げる。しかし健さんはフッと笑って天井を見上げた。

「なあ、亮。お前、雪のこと好き？」

「え、な、何ですか？」

「答えろよ」

「……はい。好きですよ。でも恋人にしたいとかじゃなくて、友達として、人としてです」

「でもさあ、しちゃったんだよね」

「は？」

「好きじゃなくてもできるってことだよね」

「は？　ちょ、健さん？」

　健さんはいつものように自分の言いたいことだけを言うとすぐに消えてしまった。その直後、雪ネエが現れた。しかしなぜかひどく狼狽《ろうばい》していた。

「亮……？　あのね、智沙が健に連れて行かれちゃったの。とりあえず探しに行くけど、あんまり期待しないでね……」

「はぁ？　雪ネエ、どういうこと？　教えてよっ」

「あのね、前に智沙は一回、あの階段を上ろうとしちゃったじゃない？　あのときは何とか連れ戻したけど、あそこにいた偉いお坊さんみたいな人に言ったの。もし智沙って子が来ても、その人はまだ生きていて、間違ってこっちに連れて来られちゃったんです、だから帰るように言ってくださいって。でもね、そのお坊さんはね、『間違いでも何でも、一度ここまで来たらもう引き返すことはできないんだ』って言うの。それとね……」

「それと？」

「本を見せてもらった。そこには沢山の人の名前が書いてあった。智沙の名前もあったよ。きっと、向こうではいつどこで誰がどんな風に死ぬのかが全部わかってるのよ。そこに記帳されちゃったら……リストに載っちゃったら、もう運命は決まりかもしれない」

「頼むから、連れてきてよ。俺はここで祈ってることしかできないけど、声はきっと届くよね？　届いてるはずだよね？」

……そうは言いながら、僕は半分くらい諦めていた。諦めるしかない状況だと思った。三途の川と呼ばれている川までは、現世の人の呼びかけも届くだろう。しかしその先の神殿には……、きっと現世の声も思いも、そんなものは一つも届かないはずだ。もしもそこに連れて行かれたら、智沙は終わりだ。

「私、行ってくるね。ごめんね、健がこんなことしちゃって」

「いいよ。もともと悪いのは俺だし。でも十分反省した。俺が弱気になってる余裕なんてないし。雪ネエならできるよ。いつも頼ってばっかりでごめんね。ありがとう、雪ネエ」

僕がそっと頬にキスをすると、雪ネエは意識を失った。いつもならばすぐに誰かが憑依して智沙の体を使うはずなのに、このときは数分間ずっと眠っているかのように意識がない状態が続いた。

しばらくして智沙は目を開けた。

「雪だけど。亮、智沙を連れてきたよ」

「そっか。ありがとう！　代わってくれる？」

「その前にちょっと説明するね。天国にはね、現世と同じように町があるんだけど、そこには私と健が暮らす家もあるんだ。アパートだけどね。健はそこに智沙を連れて閉じこもっちゃったから、大家さんに言って鍵を借りてきたんだ」

「天国のアパートの大家さんて……どんなだよ」

「いいから。でね、私が入ったときには智沙は裸にされて、布団に押し倒されてた。もうちょっとでやばかったよ。だから健を殴って智沙を連れてきたんだけど、相当へこんでるから、慰めてあげて」

「わかった。まかせろ」

「健にはきつく言っておくから」

「うん。ありがとう」


その夜は久しぶりにオールでカラオケに行くことにした。感覚があることを満喫《まんきつ》したいと智沙が言い出したからだ。ついでに言うと僕は明日のバイトは前々から休みを取っていたので、オールでも平気なのだ。

そういえば雪ネエが初めて僕らの部屋に来た日の夜もカラオケに行ったのだった。あの日と同じように晴れた夜。あの日と同じ道を歩いているだけなのに、歩き慣れた駅までの道なのに、なぜか僕は妙に嬉しくなった。まるでデートにでも行くかのような嬉しさだった。

駅に向かう途中で智沙の意識が不意に途切れた。現れたのは加奈子だった。

「亮？　なんとか収まったみたいね」

「ああ。ごめんな、迷惑かけたみたいで。感覚は戻った？」

「うん。平気。ちゃんと聞こえるよ。でもごめんとか言うことないからね。パパや雄太とも一緒にいられるし」

「……どういう、こと？」

「うんとね、あの後ね。パパも雄太も、こっちの世界に来ちゃったんだ」

「……え……？」

「あ、でもね。それでも三人で一緒にいられるから嬉しいよ。亮のこと、みんな恨んでないから」

「ああ……うん」

それはつまり、旦那さんと、雄太君が……死んだ、ってことなのか？　健さんの呪いに勝てなかったと、そういうことなのか？

「でもうちのパパ怖いよぉー」

僕は必死で平静を装った。

「恨むんならいつでも来いよ。でも、ターゲットは俺だけにしてくれな。俺の大切な人たちを巻き込むのはやめてくれ。頼むから」

「はいよ」

それからしばらく黙ったまま歩いた。駅を通り過ぎた。いつもと同じようにダンスの練習をしている若者がいた。ダンボールを敷いて眠っているおじさんがいた。ホストクラブやキャバクラの客引きもいた。見慣れた風景だった。全てが妙に新鮮だった。

カラオケまであと少しといったところで僕は足を止めた。

「加奈子」

「何？　どうしたの？」

「今さらだし、俺が言うのもなんだけどさ、二人で……どうか、幸せになってよ」

何を言っていいかわからなかったが、何か言わなくてはいけない気がしていた。でもそれは謝罪の言葉ではなくて、加奈子達のために何かできることがあれば、そう思ってやっと発した言葉だった。

「言われなくても幸せですよぉ？　押し売りしちゃうよぉ」

加奈子はいつもの屈託のない微笑みを見せた。僕にはそれが余計に辛かった。

「亮。智沙はね、今は弱く見えるけどね、きっとすごく強くなれるよ」

「そうかな」

「そうだよ。私も昔はそうだった。ちょっとしたことでへこんで、すぐ後ろ向きな考えしてた。でもね、子供ができてからは何があっても絶対に負けないんだって思えるようになったよ。自分のためにも、好きな人のためにも、子供のためにもね」

「そっか……」

「まだわかんないかもだけどね」

「子供ができたのは一七くらいだろ？　そんときからお前は強いよ」

「だからさ、さっさと結婚しちゃいな！」

「馬鹿。何言ってんだよ。色々あるんだよ」

「あはは。あ、雄太が呼んでる……行かなきゃ。じゃあね、亮。私、もうこっち来ることも少なくなるとは思うけど、元気でね」

「ああ。色々ありがとうな」

「ううん。頑張ってね」


　そしてカラオケ。数曲歌ったところで、健さんが突然現れた。しかし意外にも普通に会話をすることができた。僕は健さんに言っておかなければならないことがあった。雪ネエがどんなことがあっても健さんを嫌いになんてなれないんだと言っていたことだ。

健さんはやっぱり怒ったような顔で僕を睨んでいた。

「雪ネエは、何があっても健さんを愛してくれますから、だからもう、正直勘弁してください。これ以上やるのは雪ネエも苦しめることになります。傷つけたことへの復讐なら、もう十分だと思います。俺も反省しました。思い知りました。でも、俺は健さんのことがすげぇ好きなんです。人として、男として、大人としても、バイク好きとしても。一応同じバイク乗ってたんだからさ。健さんがやったことは俺にとって確かに辛いことでしたけど、逆に俺が今の健さんの立場だったら、確かにこれくらいのことはしたかもしれない。そう思ったら、やっぱ恨むことは俺にはできないんです。健さん自身は恨んでませんから」

健さんはいつものようにフッと軽く笑い、歌本をパラパラとめくる。健さんが選曲したのはGLAYのBELOVEDだった。

「この曲好きなんだよ」

そう言って笑う健さんを見て、僕はもう健さんは怒っていないように思えた。

「亮、歌ってよ」

あまり打ち解けていない男が二人の、深夜のカラオケボックス。僕は緊張し、妙に恥ずかしかった。しかしとりあえず歌う。これは健さんへの償《つぐな》い、あるいは鎮魂《ちんこん》になるのだろうか。

曲の途中で健さんは智沙から抜け出た。しかし智沙が数曲歌った後、次は加奈子が憑依した。

「へっへー。また来ちゃった」

「加奈子……。さっき綺麗な別れしたとこなのに。なんでまた来るかなぁ」

「いいじゃん。歌わせてよ。あ、ちなみにみんないるから。ジャンケンして順番に来るって」

「あっそー」

加奈子はあゆを二、三曲歌うと満足したと呟いて抜け出ていった。

僕がトイレから戻ってくると、妙な顔の智沙がいた。そして加奈子が前に言っていた山崎まさよしの曲が始まった。加奈子の旦那さんの持ち歌だった。僕はそれを無言で緊張したままに聞いていた。

僕は思い出していた。以前加奈子が話してくれた、加奈子と旦那さんの出会いの話を。桜木町の駅前でこの曲を弾き語りしていた会社帰りのサラリーマンと、いつもその歌を聞きに来ていた女子高生。劇的な出逢いなどではないけれど、二人は普通の恋愛をして、そして結婚した。その加奈子を失った旦那さんは、かつて弾き語りをしていた桜木町の駅前で、ずっと探していたのだろうか。もう一度逢えたら……なんてことを思いながら。

そんなことを思いながら、僕は自分の目に涙が浮かんでいるのに気づいた。曲が終わってから軽く自己紹介して、少しだけ世間話をした。話の内容が加奈子とのラブラブ自慢になりそうになったとき、加奈子と雄太君が迎えに来たと言って彼は抜けていった。

その夜はなぜか雪ネエは来なかった。そして午前一時を回った頃、智沙の目が再び見えなくなってしまった。そのとき智沙が歌っていたglobeの曲は、歌詞を全て覚えていた曲だったので歌えたのだという。

「大丈夫だから。亮ちゃん、なんか歌って」

正直、僕は目が見えなくても全然平気だと思っていた。感覚が一つくらいなくなってもそんなもの僕は障害とは呼ばない、なぜかそれくらい強気だった。

僕がためらっていると、智沙が一言だけ呟いた。それからすぐに智沙の様子がおかしくなった。また僕の顔を撫でる。はっきりと開いているその目は、どこか遠くを見ているようだった。そのときは、智沙は目も耳も再び利かなくなっていたようだった。

「健さんがすごい怖い顔でそこに立ってたの」

その夜聞いた智沙の最後の台詞は、それだった。

手のひらにカタカナで一文字ずつ書いて会話を始めた。その文字の読み取りは困難そのものだったが、それしか伝える方法がなかった。ヘレンケラーの本を読んでおけばよかったと思った。

『ウ　タ　ワ　ナ　イ　ノ　？』

目も見えない。耳も聞こえない。普通に目を閉じている状態なら光を感じることくらいはできるのに、今の智沙には光のひとつも届かない。でも僕は、諦めるわけにはいかなかった。

そのとき、僕の頭の中ではあのミスチルの曲が流れていた。以前智沙の耳が聞こえなくなった日に流れていたのと同じ曲だった。ここ最近、何かあると僕はこの曲を思い出していた。僕は歌本を急いでめくり、その曲を入力した。

僕の声が誰にも聞こえていなかったとしても、届いていなかったとしても、僕はその歌を歌うしかなかった。今では死んでしまっている雪ネエや健さんや加奈子や旦那さんや雄太くんや久美子さんや沙里奈ちゃんやポチやばあちゃん。僕にはみんなの顔も声もわからないけど、それでも僕の中でみんなは生きてる。きっとこれから先も、ずっと、生き続けていくのだろう。

そんなことを考えながらその曲を歌った。そうだ。いま僕がすべきことは、絶望を前にして泣き叫び壊れることじゃない。

僕は気持ちを入れ代え、今朝久留実さんに教わった除霊法を試した。何度も気を入れていると智沙は耳だけは治ったようだった。

「亮ちゃん。聞こえるよ。今のうちに帰ろう」

目か耳、どちらか一つでも機能すれば十分だった。足りない機能は僕が補えばそれで済むことだ。目が見えないのなら手をとり一緒に歩けばいい。耳が聞こえないならメールで筆談でもすればいい。もう、そんなことで僕を苦しめることはできない。

部屋に着くと智沙の足が硬直していた。足も動かない、と口ぱくで言う。そして、また目も耳も機能しなくなっている。つまりこのときの智沙は、身動きがとれず、何も見えず何も聞こえず何も喋れないという、まるで植物人間のような状態だった。

必死に手を動かし、指で会話をしていく。とりとめのない普通の話。それがとても嬉しくて、そして悲しかった。

それでも僕は、智沙に生きていてほしいと思った。

三月一八日

目覚めてもやはり、智沙は目も耳も機能しなかった。どこを見ているのかもわからない、何を考えているのかもわからない。気持ちを窺うことすら難しかった。

感覚のない智沙は、怖いくらい無表情だった。

浄霊を試みても意味はなかった。涙が溢《あふ》れた。でも智沙は微笑んで僕を抱きしめてくれた。何も見えてなくて、焦点も定まっていないその目で僕の方を見て、微笑んでくれた。

僕は自分の無力さを呪いたい気持ちでいっぱいになった。せめて僕に霊が見えれば、それなら僕が苦しめばいいだけなのに。僕がその感覚を持っていないばっかりに僕に関わった人全てを不幸にしてしまう。みんなを傷つけてしまう。それならもう、僕なんていらない。僕の居場所なんて、いらない。

ギリギリのラインに自分が立っているのがわかった。でも僕がしっかりしなきゃ智沙が壊れる。支えられるのは僕しかいない。それはわかっていたけれど、僕は僕を許せなかった。壊れてしまいそうなのは、僕の方だった。

智沙は僕の手の平を指でなぞった。

『モ　ウ　イ　イ』

『シ　ニ　タ　イ』


このとき、最低にも僕は、諦めてしまった。こんなままで一生を生きていくのなら、いっそ死んでしまった方が楽なんじゃないのか。いや、それ以上に、苦しみ悩み壊れてゆく智沙を見ていたくはなかった。

僕は誰もいない部屋で、大声で叫んだ。

「雪ネエ！　聞いてるんだろ！　もういいから、智沙が今度いいって言ったら連れてってあげてよ！　もうこれ以上苦しめないでくれよ！」

涙が止まらなかった。智沙は僕の顔を胸に抱きとめそっと髪を撫でてくれた。僕は僕自身にしか届かない嗚咽を漏らした。悔しい。悔しい。僕には何もできない。目の前で恋人が死んでいくところを、見ていることしか、できない。

できない。

しばらく静寂が続いた。ほんの数分のことなのに、僕にはその沈黙や部屋の空気が重すぎた。智沙にはわからないのだから大声で泣こうかとも思った。どうしてこんなことになってしまったんだろう。何がいけなかったんだろう。お化けに関わったからだろうか。そうじゃない。僕だ。僕が悪かった、ただそれだけだ。それだけでみんなが苦しんで、呪われ、生きることをやめようとする。僕はかすり傷ひとつ負うことなく今日を生きているというのに。

全部僕のせいだ。

それなら僕が死ねばいい。死ねば全てが解決するんだろう？　そうなんだろう？　なあ、健さん。それならいっそ殺してくれよ。もう十分苦しんだから。生きることも十分楽しんだから。死ぬこともあんまり怖くないから。人生の最後にみんなの幸せを祈って、そしてお世話になった人達に「ありがとう」って言ってお別れできるから。なかなか面白い人生だったなって思えるから。

僕の中にみんながいるように、誰かの中に僕がいればそれで十分だよ。そう思えば死んでしまってからもなんとかやっていけそうだよ。

「……ちゃん……亮ちゃん」

しかし突然、智沙は僕の名を呼んだ。

「目も見えるよ。耳も治ったみたい。ねえ、治ったよ？」

突然のことに何を言っていいかわからず、とりあえず僕は何度も頷いておいた。

「感覚があるって凄いよ！　生きてるって凄いことだよ！　凄い新鮮に感じるよ！」

「……あ、智沙？」

本当に嬉しそうに話す智沙。僕は呆気にとられていた。

「とりあえずはさ、その……生きてることってやつを実感するために何か食べに行こうよ」

「うん。そうしよっ」

キスをして、手を繋いで、いろんなことを話しながら、とりあえず僕らはファミレスへ向かった。


夕方、智沙が胸の中で雪ネエと話したらしい。雪ネエは健さんに「今度亮や智沙を困らせたら別れるからね！」と言って迫った。すると健さんもついに「ごめんなさい」と言ったという。そんな、意外なほどあっけない幕切れで健さんの呪いは解けたのだった。

やっぱり最後は雪ネエか。僕らはいつも守られてばかりだ。本当に、雪ネエには……いや、守護霊には頭が上がらない。

雪ネエは智沙に、これでもう大丈夫だからねと言ったらしい。いやぁ、女は強い！　僕も智沙には敵《かな》わないし、健さんの気持ちもわかる。

結局こんな形の終わりをむかえ、一連の心霊現象と呪いは収まった。通りすがりの悪霊も来なくなった。でも部屋にはまだみんな存在している。雪ネエ、健さん、加奈子、旦那さん、雄太君、ばあちゃん、ポチ、沙里奈ちゃん、智沙のじいちゃんとばあちゃん、久美子さんも。

この春、僕らは引越しをした。思い出が詰まった部屋を出るのは、なぜかそんなに辛くはなかった。霊は部屋に憑くという話を聞いたことがある。僕の部屋には、いい霊も悪い霊も含めて、それがあまりにも多すぎたようだ。智沙がいれば、また助けを求める彷徨《さまよ》う霊が次々やって来るだろう。僕はそんな、足の踏み場もないほど人が一杯の部屋でずっと暮らしてきたが、窮屈だとはひとつも思わなかった。

新しい部屋はわけあり物件だった。少し前、その部屋に住んでいたおじいさんが亡くなっていた。そのせいで家賃は約半額になった。物件を見にいったとき、智沙の話ではその部屋におじいさんの霊がいたらしい。僕らは雪ネエにお願いし、おじいさんを説得してもらった。こんな二人がこの部屋に住むことになるんですけど、よろしくお願いします、と。

おじいさんは穏やかな顔で承諾してくれたそうだ。


引越しをしてもみんなきっと、ついてくるのだろう。しかし僕らに憑いているのは、ついていてくれるのは、一緒にいてくれるのは、きっと僕らを守護してくれる存在のはず。

あのカラオケの夜、それぞれ現れては最後に微笑みながらこう言っていた。皆が皆、同じことを言っていた。一言、頑張れと。


言われなくても大丈夫。心機一転《しんきいってん》、頑張るさ。新しい部屋で新しい生活を始めるから。

幸せになるために、じゃなくて。幸せを、感じるために。そう、だから、いつも。

いつでも、微笑みを。

了

GHOST《ゴースト》

~いつでも微笑《ほほえ》みを~

高山《たかやま》 亮《りょう》　永田《ながた》智《ち》沙《さ》

明窓出版

平成十五年八月一八日初版発行
発行者――増本 利博
発行所――明窓出版株式会社
〒一六四―〇〇一二
東京都中野区本町六―二七―一三
電話 （〇三）三三八〇―八三〇三
FAX （〇三）三三八〇―六四二四
振替 〇〇一六〇―一―一九二七六六
印刷所――株式会社 シナノ
落丁・乱丁はお取り替えいたします。
定価はカバーに表示してあります。

ISBN4-89634-128-7

ホームページ http://meisou.com　Eメール meisou@meisou.com

欠けない月

風見　遼

彼女は、正しく道を踏みはずしたのかもしれない……。信仰とは何か。本書は、真正面からそれを問い、それに対するひとつの答えを提示した意欲的な小説です。

日本という風土には宗教が根付かない、と巷間言われ続けてきました。果たしてそれは正しい言説なのか。それが正しいとして、では95年に新興宗教が引き起こした事件を始め、現在も世上を騒がす信仰の問題をどう捉えるべきなのか。

新興宗教と呼ばれるもののなかには、非難・糾弾されるべき教団も数多く存在します。にもかかわらず、いまも新興宗教に入信しようとする人たちが、若者を中心として、あとを絶ちません。そうした信仰へと走る人たちの流れを止める、説得力のある言説が、これまで存在したようには思われません。彼らの入信に対して、「選ぶ道をあやまったのだ」「愚かであるにすぎない」などという頭ごなしの非難だけが、上滑り的に先行しているのが、実状のように見えます。これほどまでに新興宗教が批判され嫌悪されるなか、なぜ彼らはあえて信仰の道を選び、そこにとどまろうとするのか。それに真正面から答えた創作が、95年以降存在したでしょうか。